U0893017

人缘好，
就是懂得换位思考

徐 文_著

中国致公出版社
China Zhigong Press

图书在版编目（CIP）数据

人缘好，就是懂得换位思考 / 徐文著 .-- 北京：
中国致公出版社，2018

ISBN 978-7-5145-1239-7

Ⅰ. ①人… Ⅱ. ①徐… Ⅲ. ①人际关系—通俗读物
Ⅳ. ①C912.11-49

中国版本图书馆 CIP 数据核字（2018）第 063511 号

人缘好，就是懂得换位思考
徐文　著

责任编辑：蒋晓舟
责任印制：岳　珍

出版发行：中国致公出版社 China Zhigong Press
地　　址：北京市海淀区翠微路 2 号院科贸楼
邮政编码：100036
电　　话：010-85869872（发行部）
经　　销：全国新华书店
印　　刷：天津旭丰源印刷有限公司
开　　本：710 毫米 ×1000 毫米　1/16
印　　张：12
字　　数：178 千字
版　　次：2018 年 9 月第 1 版　　2018 年 9 月第 1 次印刷

定　　价：39.80 元

版权所有，未经书面许可，不得转载、复制、翻印，违者必究。

序言

做人是一门大学问，有的人用尽毕生精力也未必能洞察其中奥秘。这正是有人活得潇洒，有人活得累的原因所在。

做人固然不能玩世不恭、游戏人生，但也不能太较真、认死理。很多时候，我们需要学会换位思考，站在别人的角度考虑一下。肉眼看到的镜子很平，但在高倍放大镜下，镜面就成了凹凸不平的“山峦”；肉眼觉得很干净的东西，拿到显微镜下，满目都是细菌。试想，如果我们带着放大镜、显微镜生活，恐怕连饭都不敢吃了；如果用放大镜去看他人的缺点，恐怕那人就该天诛地灭了。若凡事都只知从己出发，就会对什么事情都看不惯，容不下其他人，容易把自己同社会隔绝开来。

有位女士总抱怨她家附近副食店的女售货员态度不好，后来无意中得知了女售货员的遭遇：丈夫外遇，母亲瘫痪在床，上中学的女儿经常患病；家里唯一的经济来源就是她的工资，而且每月只有 500 元；两代人挤在不足 10 平方米的平房里……这样的境遇怎么能让她展颜呢？

这位女士从此不仅不再计较女售货员的态度，还想帮她一把，为她做些力所能及的事。

做人就应该知道自己该干什么、不该干什么；知道什么事情应该认真，什么事情可以一笑置之。其实，我们若能有明确的目的性和针对性，就能腾出更多的时间和精力，全力以赴地去做该做的事，其结果自然事半功倍，朋友自然会越来越多，事业也会蒸蒸日上。

这个世界很多的纠纷与不和谐都是因为一些人活得太自我，不懂得站在对方立场上去思考问题，并由此导致关系紧张、怨恨叠加、问题难以得到解决。当自己的意见与他人存在分歧时，应该认真分析，这样就会发现自己思维的局限性。即便真的是别人错了，不必当面给别人难堪，要给人时间去领会，要委婉地引导和帮助，这样会让你拥有更多的朋友。

带着放大镜去看别人的缺点，无异于鸡蛋里面挑骨头。生活本就烦琐，凡事不必太斤斤计较，学会求同存异，有度量，能容人，你会发现诸事遂愿。要想真正地做到豁达，就需要有良好的修养，能善解人意，己所不欲，勿施于人，多设身处地地为他人考虑，多些体谅和包容，少些苛责和强求，生活会更加和谐。

愿这本书能够给读者朋友带来一些人生的思考和助益。

第一章

为人处世中隐藏着一个人的格局

目录 CONTENTS

第二章 懂得换位思考，才能人见人爱

第三章 换位思考，让人际交往如鱼得水

目录 CONTENTS

第四章

换位思考，让批评与说服变得简单

第五章

换位思考，这些细节很重要

第一章

为人处世中隐藏着一个人的格局

古今中外，凡能成大事者，

必定不拘小节，心胸豁达，能忍不能忍之事。

人非圣贤，孰能无过。

尽量宽恕对方的过错，只有这样，

你的心胸才会越来越广，你离成功才会越来越近。

换位——提升你的成功概率

这里的换位，有两层意思。

第一层意思是简单的，字面上的换位。不要以为这样做没有多大用处，如果你能在话语中巧妙地运用换位的方法，往往会有意想不到的效果。

有一天，一位年轻的画家去拜访德国著名画家门采尔，向他诉苦道:“我真不明白，为什么我只需要一天时间便可以画好一幅画，可是要花上整整一年才能把它卖掉？”

门采尔听了后，笑着说:“亲爱的朋友，解决这个问题很简单，请你倒过来试试：如果你能花上一年的时间来完成一幅画，那么你可能一天就能把它卖掉。”

这个故事就很好地说明了简单的换位。绘画的技术不是三言两语就可以讲得清楚的，面对前来拜访的陌生人，即使说得再多也是徒劳。门采尔很清楚这一点，所以他没有简单教年轻人绘画技巧，而是把年轻人的话巧妙地做了换位。本来一天画画，一年来卖，换成一年画画，一天来卖，看似简单的调换，实则劝导年轻人要在绘画上多下功夫，这样才能有出路。

这样的换位看似简单，但是产生的力量却不容小觑。

另一种换位便是换位思考，即多站在别人的角度去思考问题。

卡耐基每季都要租用纽约某家大旅馆的大礼堂 20 个晚上，用以讲授社交课程。

有一次，当他做好授课的准备后，却忽然接到通知，旅馆的经理要求上涨礼堂的租金，而且是上涨到原来的三倍。但是当时，入场券已经印好，而且早就寄出去了，另外，其他开课的事宜也都已办妥。很自然，他得去和旅馆经理交涉。怎样才能让对方退让呢？对方感兴趣的当然是他们想要的东西。

两天以后，他去找经理说："我接到你们的通知时，有点儿震惊。不过，这不怪你，假如我处在你的立场，或许也会写出同样的通知书。你是这家旅馆的经理，你的责任是让旅馆尽可能地得到更多的利润，不这么做的话，你的经理职位可能就不保了。假如你坚持要增加租金，那么让我们来评估一下，这样对你到底是有利还是不利？

"先讲有利的一面。大礼堂不被租用作为讲堂而是租给用来举办舞会、晚会活动的单位，那你必可以获得较高利润。因为举办这一类活动的时间并不长，所以他们愿意每一次都支付高额的租金，比我所能支付的金额当然要多得多，租给我，显然你吃大亏了。

“现在，来说不利的那一面。首先，你增加了我的租金，实际上却降低了你的收入。因为这样做就等于你把我赶走了。而由于我付不起你所要的租金，我势必要把钱花到别的地方去。还有一个对你不利的事实。这个训练班将吸引成千上万的有文化素养的中上层管理人员到你的旅馆来听课，对你来说，这难道不是个不用花钱的活广告吗？事实上，你花 5000 元钱在报纸上登广告，也不一定能邀请到这么多人亲自到你的旅馆来参观，可我的训练班却全给你邀请来了。这难道不合算吗？”

讲完后，卡耐基说：“请仔细考虑后再答复我。”最终，经理让步了。

卡耐基在获得成功的过程中，没有谈到一句关于他要什么的话，他完全是站在对方的角度想问题的。

可以设想，如果他怒气冲冲地跑进经理办公室，扯着嗓子叫道：“这是什么意思！你知道我把入场券都印好了，而且已经都寄出去了，开课的相关事项也都准备就绪了，你却要增加三倍的租金。这不是存心整人吗？三倍！好大的口气！你有病吗？我才不付呢！”

想想，那又该是怎样的局面呢？大吵之下训练班必然无法举办，而即使他能够辩得过对方，旅馆经理出于对自尊心的维护也很难向他认错，收回原意就更不可能了。

设身处地地替别人着想，了解别人的观点比一味为自己的利益和对方争辩要高明得多。这更是一个人的胸襟和格局的体现。

为他人着想，给人恰到好处的安慰

人生不如意之事十有八九，有人失业，有人失恋，有人离婚，有人生病，还有人突遭意外，这些都需要亲友的安慰。当你发自内心地想安慰对方的时候，一定要为他人的感受着想，不要让对方觉得你是幸灾乐祸，或者帮倒忙。

有一次，郭德纲携德云社众人在北京展览馆剧场表演，用话剧和相声混搭的方式，为观众演绎从清朝、民国到中华人民共和国成立后各个时期各种风格的相声。有些观众可能还不习惯这种创新，演出中途频频大喊“下去！要听相声！”表示抗议。这让正在表演的于谦既尴尬又难过。郭德纲为了安慰他就出来解围：“我知道只是少数人在起哄，大部分观众都真的喜欢听相声。接下来你们想听谁的，我就让谁说。你们都别走啊！”

郭德纲还安慰观众道：“花了钱了，一定要让大家满意。今晚，我不走，你们也别走。”还语重心长地说道：“人心都是肉长的，为了这场演出，于谦好几宿没睡，就是想让大家知道相声的发展历史。”

在解释过程中，郭德纲是“软硬兼施”，也有“严厉”的时候：“五分钟就这么难等吗？三五个人不爱看，挑唆大伙闹，你能站出来吗？再这么闹你就给我出去！”这番厉害话并没有惹恼观众，反而让全场恢复了秩序，乐呵呵地继续看接下来的相声演出。

歌手张惠妹参加《星空不夜城》节目录制的时候，回忆起自己去世的父亲，特别是说到自己连最后一面都没有见成的时候，哭得很伤心。张惠妹本是故事主角，却极力控制，倒是主持人蓝心湄一把鼻涕一把泪，竟哭得比张惠妹还惨，反过来还要张惠妹安慰。其实，蓝心湄的做法挺好的，至少不会让张惠妹陷进内疚的情感里不可自拔。

在生活中，当你的朋友找到了另一半，那么，总有一天，你会充当劝架的角色。她和男友吵架了，找到你，扑在你的怀里大哭……这时候你说话可要讲究一点儿技巧，要让她在最短的时间里消气，回到他的怀抱。男人和女人在婚内是不可能舌头不碰牙齿的，要是说两口子相敬如宾一辈子，从来没有红过脸，那简直是神话。所以，夫妻吵架是正常的，作为劝架者，一定要站准位置。夫妻之间的感情常缺乏明确的是非逻辑，很难弄得一清二楚，劝架者切不可很投入地卷进去。俗话说“天上下雨地上流，小两口吵架不记仇”，劝架者应注意平息“战事”，如果出于“义愤”“拔刀相助”，不仅会引起吵架夫妻的反感，而且当吵架夫妻和好时会很尴尬。

安慰别人的关键就在于让对方发泄出来，你可以作为一个倾听者，等他说完了，问问他，“你需要我怎么做？”或者是“我怎么帮你呢？”这类话最有安慰效果了。不要打断他的倾诉，让他把话说完，这个时候他最需要的就是有一个人能听他说说自己的委屈。在倾听的同时你可以顺应他的感受来回答他的问题，表达自己对他的同情心，鼓励他说下去。不要指导他该怎么做，指手画脚地出主意可不是什么好方法，你只需在他询问时，提出建议即可。

小胜凭智，大胜靠德

牛根生说过：“小胜凭智，大胜靠德。”看似简单的一句话，实际包含了很多的人生哲理。

有些人或许会不以为然，觉得在当今社会，成功主要看个人的智慧、眼光和机遇。当然，我们不能否认智慧、眼光和机遇对一个人的发展所起的重要作用，但一切都应该建立在拥有良好道德的基础之上。一个道德败坏的人，每天只想着如何去坑人害人，即使智商再高，也无法让自己拥有长久的成功和幸福。因为这样的人，就算靠高智商蒙蔽别人而获得一时的成功，也终会在露出狐狸尾巴的那天失去一切。那些受人尊重、获得巨大成功的人都是有着良好道德品质的人：稻盛和夫、比尔·盖茨、巴菲特、李嘉诚、张瑞敏、马云……古今中外的成功者概莫能外。只有那些具备良好道德品质和社会责任感的人，才能获得长久的成功，才能让自己的事业长盛不衰。

张凯是一家电器厂的普通员工，生活并不富裕。一天，一个高中同学找到了他，说自己在深圳做买卖赚了一些钱，这次回家探亲得知张凯生活拮据，想帮助张凯做点儿事情。他们随后在闹市区租下了一个大的门市，打算开家酒楼。但是同学因为在深圳还有很多生意需要照看，留下资金后，就回深圳了，装修的事情全部交给了张凯。

有一天晚上，张凯回到家后，妻子兴高采烈地告诉他，有个姓郑的装修队经理送来了 1 万元钱，还留下了一张名片，并一再表示，希望多多关照。

张凯严肃地说："这个钱绝对不能收。"

他的妻子却劝他说："没关系，根本没有人知道。即使别人知道了又怎么样，这酒楼本来就有你一份。"

张凯说："老同学这么信任我，来帮助我，我得对得起自己的良心，绝对不能做对不起人家的事情。"

最终，张凯找到了那个装修队的郑经理，将钱还给了他，并很快选定了一个比郑经理报价低 3 万多元、装修质量又好的装修队。

酒楼开张之后，在张凯的细心经营下，生意越来越红火，赚了很多钱。张凯从心里感激自己的同学，他知道如果不是同学帮忙，自己不会有今天。因此，他把酒楼的账目记得清清楚楚，从不弄虚作假。张凯的同学见自己的投资有回报，他非常认可张凯的人品和办事能力，便跟张凯商量可以找合适的地方开分店，仍由他来投资，张凯负责管理。

我们可以看出，张凯能够取得成功，靠的不仅仅是他的努力和智慧，更重要的是他良好的人品。一个品行不端、德行糟糕的人很难有真正的朋友。

道德品行是一个人的底线，没有了这个底线，人生就失去了支撑。要做到这一点并不难，只要修正本身，不为外物所迷惑，待人真诚，不以狡诈强横为能事，谨慎行事，就可以做到问心无愧。

修炼自己的人格

人格是一个人品质、意志和能力的集中体现，人格魅力具有强大的感召力和影响力。古今中外的大人物之所以能够一呼百应，正是因为人格魅力在其中发挥了很大的作用。

在课堂上，一位大学教授给学生上了生动的一课。

教授拿出一个玻璃瓶子，把事先准备好的石头一颗一颗装在瓶子里，直到瓶子被石头装满，然后问学生："瓶子满了吗？"学生都认为瓶子满了。然而教授微笑着接着把沙子放进瓶子里。当沙子把瓶子填满时，他又问学生："这次满了吗？"学生点点头，然后他又把水灌进了瓶子中。

教室里一片寂静。教授问："谁能够告诉我，今天这个实验向大家展示了一个怎样的道理？"

有个学生回答："我觉得无论一个人的时间有多紧张，如果挤一挤的话，总会有时间去学习其他知识的。"

另一个学生说："无论一个人的阅历多么丰富，他都要考虑别人的建议。”

教授笑笑说：“如果我刚才先放沙子，再放石头，那么，石头还能全部装进去吗？先放石头，还是先放沙子，其中包含了一个很重要的人生道理。那么，人生的这些石头究竟是什么呢？”

“地位、学历……”

教授摇头道：“你们都错了，是人格。”

无论什么时候，我们都应设身处地地为他人着想，先人后己，这样才能用人格魅力征服别人。

我们一般不会完全地信赖其他人，除非这个人本身具有某种我们特别欣赏的特质，我们才会崇拜他，并乐于服从他。所以，你想集合众人的力量干大事业，必须修炼出杰出的人格魅力。

松下电器有一位重要干部名叫井植薰。一次，松下电器任命他为松下第八厂厂长。而在此之前，他曾建议老板关闭这家亏损的工厂。所以，当他赴任时，工人们都愤怒地举着旗子抗议，喊道：“关闭工厂的人滚回去！”

在这种严峻的情况下上任，困难可想而知。但井植薰以自己超凡的智慧将此事处理得非常圆满。

经过一段时间的调查，他觉得想要让厂子起死回生，必须要裁掉200名员工。但是，在这个紧要关头裁员，这样做必然会激起工人们更大的愤怒。井植薰想了很久，最后决定用抓阄的方法来决定人员的去留。他将工人们召集起来，说："为了让公司运转，必须裁员，但是，大家都很不易，裁掉谁我也不忍心，那么就让我们用抓阄的方式来决定自己的去留吧。当然为公平起见，我也会参加抓阄，如果不幸抓到'走'，我会离开。我祝大家好运。"他身先士卒，用颤抖的手抓起了一个纸团，上面写着"留任"二字。

之后，井植薰同工会一起妥善安排了不幸被裁掉的200名员工。因为裁员方式公正，被裁的员工毫无怨言地离开了。

在井植薰的领导下，几个月之后，厂子就转亏为盈，成为松下电器的盈利大户。

伟人之所以是伟人，是因为他们做自己认为必须做的事情，不会因利害关系而改变自己为人处世的原则。

忠诚守信是完善人格魅力的基本点之一，而忠诚对人、恪守信义亦是赢得人心的必要前提。只有忠诚守信，才能获得别人的理解、信赖和尊重，才能获得更多的支持与合作。所以只有修炼自己，具备高尚的品德，才能享受真正的成功与恒久的快乐。

有爱的人更容易成功

善良的人对世界充满了关爱，当他们创造出财富时，会用财富帮助那些需要帮助的人；当他们没有足够的财富时，也一样对别人充满了关爱。所以，有爱的人永远值得歌颂。

有这样一则寓言。

三位白发苍苍的老人坐在一个妇人家院前歇脚。这三位老人，一个叫“财富”，一个叫“成功”，一个叫“爱”。妇人觉得他们谈吐不凡，就邀请他们进屋做客。三位老人谢了妇人，却没有起身的意思。

妇人感到非常纳闷，于是问他们为什么。

三位老人同时笑了笑，叫“爱”的老人说：“我们不能同时进屋，他叫‘财富’，他叫‘成功’，我是‘爱’。你去和家人商量一下，看看选择我们之中的哪一个人进屋。”

妇人听了，非常诧异，但她还是进屋把老人的话告诉了丈夫和儿媳。丈夫兴奋地说：“既然是这样，那么就请‘财富’吧。只要他进来了，我们家就能过上衣食无忧的生活了。”

但是妇人说：“为什么不请‘成功’进来呢？那样的话，我们每做一件事情都会成功，那感觉多好！”

这时候，一旁的儿媳插嘴道：“我觉得还是邀请‘爱’老人吧。如果没有爱，财富和成功对我们来讲又有什么意义呢？”

夫妻二人觉得儿媳说得很有道理，于是同意了她的建议。

之后妇人出门，邀请了“爱”老人进屋做客。可是“爱”老人起身进屋后，“成功”老人和“财富”老人也跟在后面进了屋。妇人感到非常惊讶，问：“不是三个人不能同时进屋吗？”

三位老人笑了起来，说：“哪里有爱，哪里就有财富和成功！有爱就有一切！”

很多人一生都在追逐财富和成功，却忽略了爱，因此感到生活枯燥和空虚。人间最为宝贵的是真情，是爱。只要心中有爱，你对工作和生活就有热情，所做的事情也更有意义，财富自然随之而来。千万不要舍本逐末，只为了钱而去拼命工作，这样你损失的不仅是财富，更是你幸福的一生。没有爱的生活是痛苦的，要想拥有爱，就必须付出爱。

松下幸之助曾说：“我的财富和荣誉是社会给我的，所以我一定要回报社会，实现自己的人生理想。”

每个人都不是一座孤岛，无法单独地存在，人与人之间只有相互付出，相互给予爱与真情，才会产生绵绵不断的能量与生机。人间有了爱才会有一切，包括成功和财富。

世界上最聪明的人是诚实的人

生活中，人们总是希望和诚实的人打交道，而排斥和撒谎的人合作。诚实能得到别人的认可、尊敬和赞扬，反之，欺骗会遭到人们的谴责和耻笑，会导致信用破产。

林肯由伊利诺伊州搭乘火车到华盛顿就职时，特意让火车在西费尔德村停下来，他站在火车尾端的车台上对蜂拥而至看新总统的民众说："有一个名叫葛丽丝的女孩儿住在这里，她曾经写信给我。如果她在的话，请她站出来好吗？"

一个兴奋得满脸通红的小女孩儿惊喜地捂着嘴走了出来，高声说："总统先生，我在这里！"

"嘿！葛丽丝，"林肯弯下腰，由栏杆间伸出手握住小女孩儿的小手，说，"你看，我特别为你留了胡子，是不是比较英俊呢？"

葛丽丝开心地回答道："总统先生，您是我所见过的最英俊的总统。"

事情要从林肯刚刚当选总统时说起。有一天，他意外地接到一个小女孩儿的来信，信里写着："总统先生，您好！我叫葛丽丝，在纽约州的西费尔德村居住。我之所以给您写信，是想建议您留胡子，我相信如果您留胡子的话，一定会变得异常英俊。”

林肯在百忙之中抽时间给这个小女孩儿写了回信：“葛丽丝，你好！收到你的来信我很高兴，我也很乐意留胡子，但是我刚刚上任，这样一来，可能会有许多选民不认识我了。”

过了几天，林肯又收到小女孩儿的来信：“总统先生，我还是觉得您留起胡子来看起来不会很严肃。您的照片实在太严肃了，我相信别的女孩儿和我一样，会害怕一位没有胡子的总统的。”于是林肯留起了胡子。

林肯虽然没有任何背景，外表也不出众，但是他却是美国历史上很得民心的总统之一。为什么他会受到人民如此的爱戴？秘诀就在于他知道“用诚恳赢得人心”。

诚信，是非常重要的交际原则之一。只有坚持诚信原则的人，才能赢得良好的声誉，才有人愿意与其建立长期稳定的关系。因此，我们每一个人都应该把诚实作为自己生命的瑰宝。

日本著名的企业家吉田忠雄曾说：“为人处世首先要讲求诚实，以诚待人才会赢得别人的信任，否则，一切都是无稽之谈。”

吉田忠雄曾经在一家小电器商行里推销商品。起初，很长一段时间他都没有业绩，做得很不顺利，但是他并没有灰心，而是一直坚持做下去。一次，他终于成功地推销出去一种剃须刀，半个月内拥有了二十几位顾客。后来他意外发现，他所推销的剃须刀的价格比其他家店里的同类型产品高很多，这让他深感不安。

经过一番思考之后，他找到了这二十几位顾客，向他们说明情况并提出向他们退还货款的差额。顾客被他的真诚所感动，他们不但没有要差额货款，而且主动要求向吉田忠雄订货。吉田忠雄的业务数额急剧上升，很快得到了公司的奖励。他的诚信为他以后创办自己的公司打下了良好的人际基础。

世界上最聪明的人是最诚实的人，因为只有诚实的人才经受得起事实的考验。虽然诚实的人有时候会遭受欺负和讹诈，甚至被当作“木讷”的代名词，或被冠上“老实无用”的头衔，但是，生活不会辜负真诚的人，最终会给予他丰厚的回报。我们应该坚信，最受欢迎的品德是诚实，它是获得友谊的重要因素，是赢得别人尊重的至上法宝。

忠诚的人将赢得敬重与信任

拥有忠诚品质的人，更容易赢得人们的敬重和信任。相反，缺乏忠诚之心的人，则多会遭人鄙视和唾弃。

忠诚是一种操守，是一种职业良心，更是一种美德和品格。丧失了忠诚，从一定意义上讲，就是对自己责任的推卸，同时也是对自己品行和操守的最大亵渎和不尊重。我们每一个人都有责任去坚守和维护忠诚，这是对自己所爱的人和所坚持的信念的最大保护。

有一次，一个外国教师和一个中国学生一起到机场为一个朋友送行。在检查行李的时候，前面一个小伙子的衣兜里滚落出来一枚一角钱的硬币，小伙子望了一眼并没有在意，扭过头走了。这时候，一个男人踩着硬币急匆匆地走了过去。那个中国学生走过去捡起那枚硬币，递给那个掉硬币的人。刚开始对方觉得非常不好意思并拒绝接受，中国学生严肃地说道:“先生，你可以不在乎这一角钱，但这上面有我国的国徽，不能践踏！”中国学生对国家的忠诚深深感动了外国教师。

忠诚是无声的宣言，是不变的信条，是一种品质，是为人处世的原则。所以说，谁守住了忠诚，谁就守住了人生最宝贵、最值得珍惜的东西。

一个电子厂销售部的经理和董事长发生了矛盾，而且没有找到机会冰释前嫌。这名经理在长时间的压抑下心生不满，准备跳槽到对手公司。

为了向新老板邀功，也为了发泄自己的不满情绪，他想尽办法将公司的机密文件和客户电话全部透露给各路经销商，结果引发了很多生意上的纠纷。除此之外，他还打电话给工商和税务部门，说公司的账目存在问题，虽然经查证公司的账目并没有问题，但还是给公司造成了困扰。

这名经理很满意这样的结果，然后去新公司上任，没想到被轰出了门。因为新老板对他的人品产生了怀疑，认为他现在能这样对待别人，将来没准儿也会这样对待自己，身边有这样一个人相当于埋下了一颗定时炸弹，所以自然不会录用他。

一个不够忠诚的人，怎么可能得到别人的赏识呢？忠诚变质不但会毁了你的名誉，最终还会搬起石头砸自己的脚。相反，当你忠诚于所做的一切的时候，你也能得到他人对你更多的信任。

罗伯特是美国一家小电子公司的杰出工程师。他所在的公司最近面临着对手公司——比利弗电子公司的兼并，处境非常困难。

有一天，比利弗电子公司的技术部经理邀请罗伯特共进晚餐。在饭桌上，这个经理诱惑罗伯特说："你要是能把你们公司最新产品的数据资料给我，我会给予你很好的回报。"

罗伯特平日里是一个举止很绅士的人，此时却被气得脸色发青，他愤怒地说："你给我住嘴！尽管我们公司效益不好，但是我绝对不会昧着良心去做这种事情。我不会答应你的任何要求的。"说完他离座走人。

没过多久，罗伯特所在的公司因为亏损严重而破产，他失业在家并开始寻找工作机会。突然有一天，他接到了比利弗电子公司总裁的电话，说要聘请他做技术部经理，让他第二天到公司报到。罗伯特惊呆了，说："这怎么可能？"

总裁笑着说："以前的技术部经理退休了，他和我谈起了关于你的故事，并特别推荐了你。小伙子，你的品行让我敬佩，你是值得我信赖的人。"后来，罗伯特凭借自己的技术水平和管理能力，成了一流的职业经理人。

忠诚之人必须有所坚持、有所放弃，坚持的东西是值得珍惜的东西，放弃的东西是对你诱惑最大的东西。很多人分不清楚哪些东西是值得珍惜的，哪些东西是必须放弃的。为正义和真理活着，是对信念的一种坚持，这样的忠诚才是真正意义上的忠诚。

了解他人的想法才能有高效沟通

在人际交往中，要想使信息、思想和情感在个人或群体间传递并且达成共识可以有很多方式，但毋庸置疑，语言是人类沟通中最有效的方式之一，尤其是在传递信息方面。

交谈的目的是沟通，很多人将单方面的通知误以为就是沟通，但其实沟通是双向的互动过程。

李先生是广东惠州经营出口品加工厂的老板，其工厂规模不小，员工有五六百人。他在经营方面很有经验，无论是在生产还是在管理上都卓有成效。员工的福利待遇很好，加之他本人和蔼可亲，员工都很喜欢这里，工作也都勤勤恳恳，工厂的效益蒸蒸日上。

在员工眼里无所不能的老板，在和儿子沟通的问题上却有些灰心丧气、力不从心。父子俩不见面就罢了，一见面说不了三句话就起硝烟，不是儿子摔门离开，就是父亲被气得跳脚。

这天，父子俩又因为儿子晚归吵了起来，争得面红耳赤。李先生已经做好了跟儿子斗争到底的心理准备，可是还没有吵两句，儿子突然转变了态度，一改往日的倔强，心平气和地说：“老爸，我们天天这么吵实在是伤神又费力，而且不能解决根本问题，不如我们坐下来好好谈谈。”

“谈什么？”

“那就先从刚才我们各自说过的话聊起吧。您能把我刚才说过的话重复一遍吗？”

“啊？”李先生没有明白儿子的意思，但还是说：“你说我看不起你，所以老是找碴儿。”

儿子摇摇头说：“不，爸爸，这句话是您说的而不是我。”

“怎么可能，浑小子，你别想转移话题。既然你觉得我说得不对，那你自己把刚才的话重复一下。”

“老爸，您看，从头到尾您都不知道我想要表达的意思，所以我们再争吵下去也毫无意义。不如这样吧，我说一句您就重复一句，您说过的话我也重复一遍。”

“你小子别岔开话题，我没有那么多的空闲时间跟你做这么无聊的游戏。”

“老爸，您不试试怎么知道我这种办法不行呢？而且您仔细想一下，我刚才到底说了什么？”

李先生终于摇摇头说：“我真的想不起来了，反正就是我刚才说的那个意思。”

“好吧，我来重复一下我刚才说的话。我说父亲很能干，做儿子的除了骄傲和敬佩之外，难免会有压力。”

李先生仔细想想，似乎是这样，那么当时自己为什么会那么激动呢？于是父子俩心平气和地坐下来，将之前争吵的内容重新回顾了一下，然后接着讨论。两个小时过去了，交谈还在继续，但是气氛却很融洽，事后李先生自己都不敢相信。

虽然谈完已经很晚了，李先生没有休息多久就起来去工厂了，但是却没有以往争吵之后的疲惫和烦躁，而是神清气爽。

恰巧，早晨公司有晨会，讨论采购新设备的问题。采购部一共给了两个方案，从美国或者是日本购进。从报价上来看，日本的设备相对便宜一点，在质量上也并不比美国的逊色，但是综合考虑，总工程师还是觉得从美国采购更合适。

通常在这样的会议上，李先生总是会礼貌地请工程师和各个部门的负责人畅所欲言，但是并不一定会采纳他们的意见。人在一个位子上待的时间长了，难免独断专行，在没有讨论之前一般心里已经有了计较，多数情况下会议都只是形式而已。作为老板能省钱自然不希望花费更多的资金，所以总工程师礼貌地说了几句自己的想法就坐下了。

按照惯例，这时候，李先生会发表自己的意见，然后拍板，但是今天他一反常态，笑着对总工程师说：“我来重复一下你阐述的要点，看我理解得对不对。日本的机器相对于美国来讲物美价廉，表面看是很不错的选择，但是他们的售后服务却跟不上，所以将来如果机器出了问题会耽误很多时间。加之我们这方没有精通日语的人，对方也没有中文方面的专家，外聘翻译又不可能将设备上的一些术语翻译得很精确，所以会出现连续循环的恶性反应。等待解决问题所需要花费的人力、物力和时间是不能用金钱衡量的，而购买美国设备恰好能避免这些问题，所以总体看来，买美国的要划算得多。”

听着李先生的复述，总工程师的眼睛越来越亮，于是等李先生讲完之后，他将之前没有说完的话又补充了一下。其他人看到这种情况也加入了讨论，最终大家将两种设备的优劣又详细地进行了对比，买哪种设备更合算一目了然。

可见，解决问题的最有效的方式就是心平气和地沟通，了解对方的想法，同时也让对方了解你的想法。当彼此明白了对方的观点之后，再找论点驳斥，这样的沟通会更有效果。

宾夕法尼亚大学法律系教授艾德恩凯迪博士，在他二十年的执教生涯中，总会在迎接新生的第一堂课上重复做一件事情：在黑板上写下 4 和 2，然后问学生结果是多少。

几乎每一次学生的答案都是相同的：6 或者 2。但无论是哪一种，他都会摇头。有的学生也会突发奇想，说是 8，他仍然摇头。

看到学生们懵懂的眼神，他解释道：“我问你们结果是多少时，你们没有人问我这道题是加法、减法，还是乘除法。你们根本不知道问题的性质，又怎么会说出真正的答案呢？”

其实这样的错误我们经常犯，没有仔细听对方的话，却急不可耐就下了定论。这样怎么能够让对方信服呢？自说自话的人，不能让语言发挥出其应有的作用。来而不往非礼也，只有在你来我往的讨论中才能找到最终达成共识的点。所以切记，在人际交往中，一定要学会倾听他人的意见，从中找到话题的关键点，从而达到有效沟通。

将欲取之，必先予之

我们往往会遇到这种状况，费尽口舌后发现对方虽对你的想法并不排斥，但是也完全没有要接受的意思。这是因为他对自己之前的想法比较认可，可能那些想法有很多的可取之处，没有办法一下子割舍，所以不能全盘接受你的观点。

解决这种境况的最好办法就是，不要一竿子把人打死，要找到对方想法里的优点给予肯定：“我也觉得过去的做法还是有可取之处的，确实令人难以舍弃。”先接受对方的立场，道出对方真实的想法。这么做的原因很简单，你的认同能够极大地满足对方的自尊心，他会认为你没有全盘否定他的想法，就是对他本人的肯定，从而减轻了心里的抵抗情绪，对你之后要说的话在心理上也更容易接受。

某家庭电器公司的推销员挨家挨户推销洗衣机。当他敲开一户人家的门时，听到了卫生间传来的洗衣机转动的声音，于是他问主人能否看看他家的洗衣机。主人将他带到了卫生间。看到这台老旧的洗衣机后，推销员说：“洗衣机是老式的啊！现在很少有人用这款了。这款洗衣机不但洗衣花费的时间长，而且对衣服也有耗损，您该换一台新式的。”

结果，不等这位推销员说完，主人就皱起了眉头驳斥道：“你说的那些我一点儿也没有觉察到！这台洗衣机很耐用的，十几年了从来没出现过故障，现在的洗衣机不见得有这款好用。除非它彻底报废了，否则我不会考虑更换新的！”

几天之后，另外一个推销员来拜访，同样看了主人家里的洗衣机，说：“这是台令人怀念的洗衣机，因为很耐用而且故障少，很多用户都很喜欢它。”主人一听，很高兴，于是接话道：“是啊！这倒是真的！我家这台洗衣机确实已经用了很久，我太太很喜欢，可是毕竟用了很多年了，洗衣功能有些退化！”

推销员听后，拿出自己带的小册子，对他说：“我们买洗衣机就是为了方便生活的，现在生活节奏快，没有太多时间浪费在家务上，所以再多的感情也敌不过适用。我们公司最近新出了很多款新式的洗衣机，您不妨看看，如果有合心意的就换一台，我相信您太太也一定会因为您给她减轻了负担而欣喜。”主人听到之后，果然毫不犹豫地接过了册子。

这位推销员把握住了人的心理，先赞同其想法，然后再根据对方想法中的纠结之处进行说服。这种推销说服技巧，让被拜访对象成为潜在的客户，即使这次他不买，但是心里已经动摇，并且产生了购买新洗衣机的欲望，所以被说服是早晚的事。

善于观察并利用对方微妙的心理，是帮助自己提出意见并说服对方不可或缺的要素。一般来说，被说服者之所以摇摆不定，想坚持自己的想法，是害怕被他人左右后会发生自己无法掌控的后果。如果你能洞悉他们的心理症结，并加以开解，他们还有不答应的理由吗？

我们在对他人进行说服时，一定要先找到令对方不安或者是忧虑的问题所在，然后找到解决的办法，在对方提出相关问题时给予合理的回答，消除对方的顾虑。如果你没有充分的准备，回答得模棱两可，会让对方更加不安，甚至怀疑你的初衷。因此，你应事先预想一个能引发对方顾虑的问题，还应准备充分的资料，一举说服对方，这是相当重要的。

能够容人之过，自己才好过

“容过”，就是容许别人犯过错，抱着宽容与平和的心态看待别人的错误，并容许别人改正错误。

英国诗人济慈说：“人们应该彼此宽容，每个人都有缺点。在最薄弱的地方，每个人都能被切割捣碎。”他的论述让“做了错事得到报应才算是公平”的观点不攻自破，因为每个人都有缺点，都有软弱之处，也都会犯错。

“海纳百川，有容乃大。”在生活中，宽容能够产生奇迹，可以减少不必要的损失。一个既会做人又会做事的人，往往拥有开阔的胸襟。其实宽容他人的同时也释放了自己。要想有一番大作为，眼睛里就得能容得下“沙子”。

事实上，人犯错在所难免，只要他的本质没有发生改变，知错能改，我们就应该试着接纳他，并且原谅他。

《尚书·伊训》中讲“与人不求备，检身若不及”，我们与别人相处的时候，对别人不能求全责备，对自己要严格约束，换句话说，就是

“责人宜宽，责己宜严”。所以我们在要求别人做什么的时候，应该先问一下自己是否能够做到。

有一个富豪，在垂暮之年，想让他的三个孩子继承他的财产，但是他又害怕孩子们继承财产之后，很快就挥霍掉。最后，他想到了一个办法：在分财产之前，先让三个孩子去游历。

他把三个孩子叫到跟前，对他们说：“我不想让你们三个平均继承我的财产，而是想由你们三个人中的一个人全部继承。从现在起，你们就出门独立生活，一年之后你们再告诉我，做的最有意义的一件事是什么。”

一年之后，三个孩子返回家中。大儿子说：“我在游历的途中遇到了一个陌生人，他非常信任我，还让我管理着巨额财产，后来他不幸过世了，我原封不动地将全部的钱财交给了他的家人。”

富豪很满意：“你的表现非常好，诚实是一个人应有的品德。”

二儿子接着说：“我经过一个贫穷的村落，看到一个小乞丐不小心掉进了河里，我奋不顾身地跳进河里，将他救上了岸。”

富豪也很满意：“你的表现非常不错，助人为乐是应该的。”

老三思索了一会儿，说：“事实上，我并没有遇到什么大事情。在途中，有一个人和我结下了仇，每天跟着我，千方百计地想要加害于我，有好几次我都差点儿死在他的手里。有一天，我路过悬崖的时候，发现他正睡在悬崖边的一棵树上，当时只要我轻轻一脚，他就会葬身崖下，但我不忍心那样做，于是选择了叫醒他。”

富豪想了想，说：“一个人能够宽恕自己的仇人是非常难的事情。你不但宽恕了他，还帮助了他，可见你的胸襟和气度非常人所比，因此，你才是最有资格继承财产的人。”

与人相处就要求同存异，只有宽宏大量，才会有真心的朋友。每个人对他人的判断都会受主观因素的影响，不一定完全公正，武断地得出结论很容易引起误会甚至引发冲突。所以，你最好先告诉自己“未必如此”，也就是说换个角度思考问题，别人的看法不一定是错误的，说不定是自己没有完全理解别人的意思。所以，在做决定前，一定要弄清楚真相。

古今中外，凡能成大事者，必定不拘小节，心胸豁达，能忍别人不能忍之事。人非圣贤，孰能无过。尽量宽恕对方的过错，只有这样，你的人际网才会越来越广，距离成功才会越来越近。

第二章

懂得换位思考，才能人见人爱

聪明的人对自己的成就总是轻描淡写，谦虚，不张狂；

愚蠢的人则往往大肆宣扬，哗众取宠。

为人处世的过程中，我们在坚守自己原则的同时，

还要学会理解和尊重他人。

给别人留面子便是给自己加分

有一个关系很好的女同学，在和我闲聊的时候，说了一件让她很困惑的事情："我的丈夫是个很不错的男人，在家中，无论我说了多少抱怨的话，他都会耐心听完，可以说对我是宠爱有加，但在单位时，待我的态度却判若两人。"

她说道："有一次，我有急事打电话到他单位里问事情，他的态度冷淡且不高兴，尽是机械性的一个字的应答，如'嗯''哦'之类的，非常不耐烦。开始的时候，我还以为是他遇到了不高兴的事情，可是此后一连几次都是如此。

"甚至有一次，我去他单位找他，他只是冷冷地说'你先回去吧'。一点儿也没有平时的温柔，让我深感伤心。回到家之后，他极力哄我，却始终不肯告诉我原因。"

她问我这是怎么回事。

先不做解释，来说一个事例。

在美国钢铁大王卡内基身上曾经发生过这样一件事。有一天，卡内基去生产部视察，针对市场上最近出现的“卡内基钢铁集团生产的钢铁出现了质量问题”的事件进行审查，在审查某个材料的质量环节中发现了问题。

质量问题对一个企业的生存、发展意义重大。

他当着陪同人员的面，大声质问质检员，场面相当尴尬。卡内基越说越气，说：“这是一件非常要命的事情，即便是我家里的用人，都不会犯这种错误。”

本来并不是非常严重的事情，但是卡内基的语调以及态度带有很强的攻击性，言辞也极为苛刻。

事实上，卡内基的意思只是想提醒质检员在工作中要更为认真和严肃，因为市场上铺天盖地的负面新闻牵动了他的神经。

这名质检员已经为公司效力了六年，为了使自己不致在同事、领导、下属面前丢掉尊严，他只对卡内基轻轻说了一句话：“那你让你家里的用人来做这份工作吧。”

顿时，场面更加尴尬，而这句话足以令卡内基一生铭记。

后来，卡内基在自己的回忆录里写道：这是我犯下的一个极为愚蠢的错误，我甚至为此亲自给他写信道歉。他接受了我的道歉，却再也没有出现在我的公司里。

再来说一个事例。

在电影《爱情呼叫转移》中，有一句台词：谁给我面子，我给谁金子。

此时，或许你已经知道前面事例的原因了。

妻子到单位找老公，让老公在同事面前失去了威严感，也就是失去了面子。老公以一副冷冰冰的表情对待妻子，其实是在维护自己的面子。

卡内基的质检员因为丢了面子，毫不留恋地离开了效力六年的公司。相信质检员说出“那你让你家里的用人来做这份工作吧”这句话的时候，丢面子的是卡内基，因为他的权威受到了挑战。

生活中，我们践踏别人的感情，毫不顾虑地训斥、批评甚至是谩骂。这个过程对双方来说都是备受煎熬的。一方面子丢尽，尊严荡然无存；另一方丑态百出，威严扫地。

如果能够采用另一种方法，一两句体恤的话，一点点善意，换来的将会是一个温馨、和谐的场景。

然而，生活中，我们只爱自己的面子，却完全忽略了别人的面子。

我曾经看到过这样一件事。

一个三岁的小男孩，在小区的花园里和很多小朋友一起玩耍。可能小男孩是偷偷从家里跑出来的，妈妈并不知晓。当惊慌失措的妈妈看到他时，便黑着脸当着众人的面，狠狠地打了孩子一顿。

倔强的小男孩没有哭，但是从他眼里流露出的对妈妈的仇恨目光让我感觉到害怕，那种目光我从来没有在一个三岁的男孩脸上见到过。

周围的老人没有批评小男孩，却批评起了那位年轻的妈妈。可能是惹了众怒，年轻的妈妈皮笑肉不笑地道了歉，招手让孩子过来，却遭到男孩的拒绝。

一个孩子拒绝投入妈妈的怀抱，该是一件多么尴尬的事情。

谁丢了面子？又丢了谁的面子？

一个三岁的孩子居然会有这么强烈的面子心理，何况是成人呢？

面子是人性的一道心理防线，一旦这道防线被攻破，会激起别人强烈的抵触。如果我们不给他人退路，不给他人台阶下，人的反抗心理会驱使他人采取最本能的行动——自卫。

要面子并不是人性的劣根性，而是一种心理需求。爱面子并非一无是处，因为面子，人们才会遵守一定的制度规章。爱面子的心理，让人不论在什么岗位上，都会尽自己的努力而不甘落后于人。很多人会想方设法留住自己的面子，还会想方设法给自己加面子。比如，注重礼貌，让他们充分体会到平等；或使用适当的褒奖，让他们有荣誉感等。

有一位上司和下属在一起时，谈到另外一个领导，上司随口说了一句："他要是能调走，我磕头都来不及。"这句话恰好被那位领导听到了。由此，两个人结下了梁子。

在与人交往的过程中，面子问题是一个不容忽视的问题。给别人留面子，是一个非常重要的问题，却常常被很多人忽略。

面子是一个社会性的问题，不会因为身份、地位而发生变化。领导要面子，下属同样要面子。有钱人要面子，穷人也同样需要面子。

在社交场合中，让别人丢了面子，等于与别人结下了梁子，不利于人际关系的沟通。

站在他人的立场，理解他人的意愿

站在对方的立场上，就如同站到镜子前，能清楚看到自己脸上的痦子。这仅仅是实现有效沟通的第一步。如何让脸蛋与痦子之间实现和谐，让痦子不仅不会成为影响你展现自己美丽的障碍物，反而能把你衬托得更漂亮，这才是关键。

我想起几年前的一件小事情。

我有一个人事部的同事，公司的人事工作几乎全部由他负责，其任务的繁重可想而知。一天午休时，他恰好遇到了我，向我喋喋不休地抱怨，说一些"每天需要加班三个小时，中间不能有丝毫松懈；老板把自己当牲口使"之类的话。说实话，我实在是没有耐心听。

我很想对他说："你不要抱怨，抱怨对工作于事无补。你就自认倒霉吧。"

当然，我不能这样说。于是我对他说："是的，你说得很对，换作是我，我也会和你的反应一样。几乎公司所有的人事工作都是你一个人担着，肯定是很累的。但是，这正是你表现自己的机会啊。受任于公司变动之际，奉命于人员缺乏之时，既是挑战也是机遇，一副肩膀担起一个部门的重担，领导会视而不见吗？”

这让同事两眼放光，用力地拍了拍我的肩膀。这些话，他很受用。

开始时我对他说：“是的，你说得很对，换作是我，我也会和你的反应一样。”

这句话让同事的抱怨瞬间消失，而且这句话完全说出了他的心理，并让他觉得，假如我是他，也会同他感觉一样。

“是的，你说得很对，换作是我，我也会和你的反应一样。”这是一句有神奇力量的话语，一句可以停止争论、消除怨恨，甚至制造好感，使对方注意听你讲的话语。

就是这样一句话，能够让世界上最固执的人，瞬间软化下来。人需要被他人理解，特别是一种不同于普通人的思想，更需要得到他人的了解。任何一个不被身边的人所接受的人，他的思想或者是行为，都有自己的出发点和理由。想和这样的人实现有效沟通，首先需要同情、认可他的理由，“是的，你说（做）得对，换作是我，我也会和你的反应一样。但是……”

要记住，那些到你面前抱怨、倾诉，甚至失去理智的人，之所以成为这样的人，责任并不全在他身上。

对这些人，不一定要接受他的思想，但要对他表示认可、理解。

“我无法接受你的观点，但我誓死捍卫你说话的权利。”这里，要将这一句话改为“我理解你的处境，但是……”，这是有效沟通的前提。

几年前，一个乡下亲戚让我给他的儿子在我任职的公司安排一个职位。当时我也只是一个小职员，每天工作八个小时，每周工作五天，每个月拿着不多不少的薪水。亲戚的要求完全超出了我的能力范围。

很明显，我无法帮他实现。而在我的亲戚看来，我是成功的。

后来，亲戚对我的父亲说：“你的儿子现在混好了，我们是高攀不上了。”

我知道，他在生我的气。

我给他打电话：“你说得很对，换作是我，我也会这么认为。但是我也在为别人打工，如果他（指亲戚的儿子）有公司需要的专业技能，我就是拼了命，也一定帮他谋得一份工作。但现在没办法，不过，我保证将来有机会一定会拉他一把。”

因为道歉，并认同他的观点，我和亲戚得以冰释前嫌，也让他理解了我的处境。

实现有效沟通，必须要用真诚的态度表达出自己的意见，并且假设你是对方的话，你可能也会有同样的感觉。

人性使然，我们普遍希望得到他人的理解和认可。一些年幼的孩子会急切地展示他受伤的地方，以得到成人的关心和同情，这个时候，成人就需要站在孩子的角度，设身处地地理解孩子需要别人认可自己的心理。

不仅仅是孩子，成人也有类似的情形，他们会到处向人说明他曾经的经历，而且这种经历越是坎坷，他们就越是急切地想要表达出来。在这个过程中，他们甚至会添油加醋，极力渲染。“自怜，实际上是一种人的习性。”

在生活中，我们也经常遇到这样的情形：有人喋喋不休地向你抱怨，而你确实很没有耐心；当你正愁手头的工作无法完成的时候，领导又给你安排了一项重要任务；当你人手不足的时候，有人突然向你请假……面对这种情况，如果我们直接向他人表示“不，这样不行”，并不是最好的办法。但如果我们换一个策略，采用同情他人的原则，向对方说“是的……，但是……”，这样效果会明显不同，甚至可能会出现一个意想不到的结局。

你首先对别人的要求或者意愿表示了认可，就等于你满足了对方的心理，接着又讲出了自己的意愿，让对方做选择。

在这种情况下，只要对方是一个通情达理的人，就会做出合理的选择。

站在对方的立场上，理解对方的意愿，这是有效沟通的一种手段。

给予他人充分的肯定

1908 年，罗斯福进入华尔街的卡特、莱迪亚德和米尔本律师事务所担任律师，负责民事诉讼方面的案子，他的助手埃姆斯是一位刚毕业的法律专业的学生。

这天，罗斯福在为一件即将公开审理的案件寻找法律依据时，却怎么也找不到。

“埃姆斯，请过来一下！”罗斯福叫来了正在办公室忙碌的助手，“我不知道你肯不肯帮我解决一点困难，请你告诉我这条法律依据在法典中的什么地方？好不好？”

埃姆斯兴奋地接手了这个工作，短短一刻钟，他便将这条法律依据认真地用红线标注出来，交给了罗斯福。

罗斯福在后来的自传中写道：“虽然他只是我的助手，但是在知识层面没有职位高低，只有求知与求教。他知道我不知道的事，我必须以求教的姿态向他打听，这样我就给了他一种自重感。”

当时，罗斯福只是一个青年，他设法使自己被推举为纽约州议会的秘书，因为这个职位能够在服务公众的同时也让公众了解他。

罗斯福很成功，一年之后他以民主党人的身份进入纽约州议会，开始涉足政界。

这个工作很好，罗斯福很喜欢，也非常愿意做，但他的人际关系出现了危机。议会中的一位有权势的人法尔科对罗斯福非常有成见，因为在一次会议中，罗斯福的发言击败了法尔科——发言是无法避免的社会行为。

在政界中，很多人宁愿不与别人结缘，也不愿意与别人结怨，因为这是一件非常危险的事情。

罗斯福应该怎么办呢？这非常重要。

罗斯福想到了一个好方法，他请法尔科做一件能令法尔科自己高兴的事情——一件能让法尔科感觉胜过罗斯福的事情，能够刺激法尔科虚荣心的事情，一件非常巧妙地表示罗斯福对法尔科的知识、成就非常赞赏的事情。

“法尔科，你的提案真的棒极了，有空的话，能像老师一样指导我一下吗？”罗斯福找了一个很好的机会，当时法尔科的身边聚集了很多人。罗斯福的这句话让法尔科很受用，也有点儿意外，但随即他便高兴地说：“非常乐意！”

此后，再在会议厅相遇，法尔科主动同罗斯福打起了招呼，在此之前，从来未出现过这种情形。“富兰克林，无论什么时候我都愿意帮忙！”后来，他们成了好朋友。在罗斯福竞选的过程中，法尔科还为他出谋划策。当时，总统竞选是在严重经济危机的背景下进行的，法尔科亲自为他组织演讲稿，其中有这样一句话：“一个总统不一定是一个杂技演员，我们选他并不是因为他能做前滚翻或后滚翻。他干的是脑力劳动，是想方设法为人民造福。”

罗斯福把对方当老师的心理学技巧，在人际沟通中起着润滑作用。

法国哲学家罗西法古说：“如果你要得到仇人，就表现得比你的朋友优秀吧；如果你要得到朋友，就要让你的朋友表现得比你优秀。”

这句话很正确，当我们的朋友表现得比我们优秀时，他们就有了一种自己是重要人物的感觉。但是当我们表现得比他们优秀的时候，他们就会产生一种自卑感，会有羡慕和嫉妒的情绪。出现这种情况的时候，你距离失去朋友就不远了。

聪明的人对自己的成就总是轻描淡写，谦虚，不张狂；愚蠢的人则大肆宣扬，哗众取宠。为人处世的过程中，我们在保持低调的同时，还要让别人有一种自我满足感。

在交往中，任何人都希望能得到别人肯定性的评价，都在不自觉地努力维护着自己的形象和尊严，如果他的交谈对象过分地显示出高人一等的优越感，那么无形之中是对他的自尊和自信的一种挑战与轻视。

要善于发现别人的长处，满足他人的自我满足感，只有这样才能积小善为大善，积小能为大能。每个人都有自己的优点，都有值得他人学习的地方，都有一种好为人师的心理，想让周围的人向自己学习。“世界上不是没有美，而是缺少发现美的眼睛”，同样的道理，身边有很多人，他们身上都有我们值得学习的地方。学会利用身边的资源，给他人自我满足感，从而让自己走上成功的道路。

激发他人高尚的动机

我有个同事赵德厚，出生在河北石家庄正定县——历史上赫赫有名的猛将赵云的故里。

从一开始，他给我的印象就很深刻。在生活中，每当他乘坐电梯时，电梯门一开，他总要让其他人先进，自己最后进去；如果遇到电梯中有人出来，他必定先让人家出来，并把自己的手放在电梯门边，免得电梯门突然关上，从而夹到人；如果电梯超重了，他必定第一个出来，让其他人先走。

每次，我们一起出去办事，打出租车时，他必定会替我开车门，像个绅士一样。最让我难忘的是，中午我们很多同事一起出去吃饭，每次吃完饭他总会给大家一张餐巾纸。另外，他本人平时特仗义，遇到同事寻求帮助，只要力所能及，总会尽力帮忙，俨然一个江湖侠客。

后来，赵德厚告诉我，他是赵云的后人，然后，会将赵云的英雄事迹讲给我听。有很多我听过的，也有很多我没有听过的，都是在赞扬赵云的胆魄和忠勇。他立志要做个像赵云一样的英雄人物。

大概在赵德厚看来，他自己是一个“柏拉图”式的理想家，有一个崇高的理想在激励着自己。

确实如此，赵德厚在工作和生活中非常慷慨、仗义，给同事的印象很好。

受他的影响，我们大家也慢慢地跟着学，久而久之便养成了一种“为他人服务的思想”。

在平时的笑谈中，我们总是说这是“赵德厚效应”。

其实，这是一种高尚动机的心理行为，并因此会引发他人的高尚动机。比如，你在镜子中看见自己的时候，会觉得自己与众不同，这不是自恋心理，而是一种潜在的高尚情结。

李伟是做房产中介生意的。有一套房源的主人“威胁”李伟：“如果再找不到一个长期的租户，我将把房子挂在其他的房产中介公司，让他们从中收取中介费。”

这套房源的主人，两年前将房子挂到李伟的中介公司名下，敲定价格之后，由李伟负责给他联系租户。然而，短短的两年之内，这套房源先后换了 6 家租户。尽管大家都签订了一年的合同，但却没有住到约定的期限，就毁约离开了。

这样虽给李伟的公司带来不少收益，却惹怒了房源的主人，因为他需要三番四次地从几百里之外赶过来签合同。

房主的“威胁”也让李伟非常生气，因为他与房源的主人签订了三年的中介合同。

“如果在以前，我会跑到房主那里，让他把合同再读一遍。我要指出，如果他毁约，需要根据合同规定补偿我的损失，而且要求最大限度地补偿。”

“可是我没有那么做——不能把事情搞坏。”他决定使用别的方法。他对房主说：“多年的中介生涯让我对许多人的品质有很大的了解。我认为你是一个守信的人，而两年的合作，你也从来没有失信过。

“现在，我建议，我们重新规划一下合同。我宁愿吃亏，也想留住你这样一位诚信的客源。这是我的公司赖以生存和发展的基础。”

三天后，李伟和那套房源的主人重新签订了合同，将还只剩一年的中介合同延长为三年。

人之初，性本善，是后天环境的变化，才造成了各种行为的差异，出现了背离“善”的现象。

美国金融巨头摩根，不仅是一位卓越的经济学家，更是一位心理学家。他说：“人们做事情，通常有两种动机，一种是发自内心的，一种是高尚的，而高尚的动机则往往更具驱动力。”

因此，要改变人，需要激发别人高尚的动机。

一位保险公司的主管，为了能够提高手下员工的工作效率，常常会送一些管理方面的书籍给下属。他告诉员工："努力开拓业务，是为了有能力去管理别人。"这一句话给他的员工以无形的动力，并且将集体的斗志引爆到最高点。

人际沟通中，高尚的动机是想得到几句称赞，还是完全发自内心的呢？

其实，从人性的角度来说，高尚的动机不需要具有表演的性质，不需要做给谁看，更不是要得到谁的几句赞扬。高尚只是一种品行，是一种长期积累的行为习惯。

然而，很多时候，当我们发现对方动机不良、不怀好意时，戒备心会促使我们还击，而还击的方式通常为一针见血地向对方发起挑战。

这并非是一种理智的方式，只会激发对方的不良动机，让对方采取更加激烈的方式。这种行为不免会引发冲突，甚至令对方变本加厉，自然不会有什么好结果。

但如果我们换一种做法，在他人产生不良动机时，以一种高尚的动机将这种不良的动机泯灭在萌芽中，并随之让高尚的动机产生强大的驱动力，推动产生一种良好的效果。在这种情形下，很多事情就变得容易沟通与解决了。

比如，在拥挤的公交车上，一位抱着孩子的妈妈上了车。旁边座位的乘客并不想让座，将脸故意扭向窗外。

而作为售票员，提醒乘客给老人、孩子让座是一种责任。

“先生，您好，请把座位让给抱孩子的乘客，谢谢！”

这并不是最好的办法，即便座位上的人站了起来，也不是心甘情愿的。

如果售票员换一种方式：“小朋友，这位叔叔太累了，让他坐一会儿，休息好了他就会让给你的。”

相信此话一出，座位上的人就再也坐不住了。

这就是高尚动机的驱动。售票员对座位上的乘客采取了尊重礼让的方法，给他设计了一个“高尚”的角色：他是一个善良的人，只是由于过度劳累而无法实施善行。趋善心理令座位上的人无法拒绝扮演这个善良的角色。

人都喜欢把自己理想化，都喜欢为自己的行为赋予一种高尚的动机。因此，如果我们想改变他人，就应该使之产生一种高尚的动机。

学会赞美他人

从社会心理学角度来说，赞美是一种有效的交往技巧，能缩短人与人之间的心理距离。马克·吐温曾经夸张地说："仅凭一句赞美的话，我就可以多活两个月。"可见喜欢被人赞美是一种天性，因此我们在希望得到赞美的同时，也需要学会去赞美别人。

赞美，是对对方优良品质、能力和行为的一种语言肯定，是人们对待世界的一种健康心态，是处理人际关系的一种积极态度。有些人会因为得到别人的赞赏和鼓励而取得更好的成就，反之，有些人可能会因为受到批评而自暴自弃，放弃努力。

罗杰·罗尔斯是美国纽约州历史上第一位黑人州长。他出生在纽约声名狼藉的大沙头贫民窟，那里不仅环境肮脏、充满暴力，而且鱼龙混杂，是偷渡者和流浪汉的聚集地。生活在这样的环境中，对很多孩子来说，逃学、打架、偷窃，甚至吸毒都是家常便饭，因此从这里出去的人很少能找到体面的工作。

然而，无论多么恶劣的环境总有出淤泥而不染的人存在，罗杰·罗尔斯就是这样的人，他不仅考上了大学，还做了州长。在就职后的记者招待会上，很多记者都对他的成长史很感兴趣，但是罗杰·罗尔斯对自己的奋斗史只字未提，而给记者们讲述了对他的人生产生重要影响的人——皮尔·保罗的故事。

罗尔斯的小学时光是在诺必塔度过的，那时正值嬉皮士流行。皮尔·保罗担任诺必塔小学校长不久就发现情况比他想象的还要糟糕，孩子们没有目标，整天无所事事，旷课、斗殴，甚至为了逃避上课经常砸烂教室的黑板和玻璃。为了帮助他们，皮尔·保罗绞尽脑汁，试了很多方法，但是都以失败告终。

经过长时间的相处，皮尔·保罗发现这群孩子都很迷信，于是他觉得有一个办法也许可以让孩子们听从自己的劝导——在上课的时候给学生看手相。他希望用这个办法来鼓励学生，帮助他们树立信心，改掉之前的坏习惯。

有一天，当罗尔斯从窗台上跳下来，走向讲台并将他的小手伸向皮尔·保罗时，他绝对不会想到这会改变他的一生。皮尔·保罗仔细地看过他的手掌后，十分真诚地说："我一看你修长的小拇指就知道，将来你一定会成为纽约州的州长。"罗尔斯听到皮尔·保罗的话后整个人都呆掉了，因为长这么大，他听过最振奋人心的话，就是奶奶所说的，他可以成为5吨重的小船的船长。可是现在，他有点不敢相信自己的耳朵。但是显然这话对一个小学生来讲很受用。罗尔斯记下了这句话，并且坚信自己将来一定会成为纽约州的州长。

从那以后，罗尔斯一改之前的颓废作风，时刻以自己认知中的“纽约州州长”的标准来要求自己：衣服干净整洁，没有一丝褶皱；不说脏话；远离逃学和斗殴；走路时挺直腰杆；礼貌地和身边的人讲话。这一坚持就是 40 余年，51 岁那年，他终于梦想成真，当上了纽约州的州长。

试想一下，如果这位最终实现自己理想成为州长的顽童，当时没有得到校长的赞美，还会取得日后的成功吗？答案不言而喻。

真诚的赞美，就如沙漠中的甘泉一样滋润着人的心灵，能给他人带来愉悦，能使他人受到鼓舞，还能够让我们的心灵在欣赏与赞美中得到净化。所以说，赞美是人际关系的润滑剂，可以约束人的行动，使人自觉地克服缺点，积极向上。

学会赞美他人，在生活中学习和掌握好这一生活的智慧，以欣赏的目光去看待他人，会让我们敞开心胸，放宽眼光，看到更美丽、更和谐的社会和人生。

洛克菲勒曾经说：“要想充分发挥员工的才能，最有效的方法是赞美和鼓励。一个成功的领导者，应当学会如何真诚地去赞许人，诱导他们去工作。我总是深恶挑人的错，而从不吝惜说他人的好处。事实也证明，企业的任何一项成就，都是在被嘉奖的气氛下取得的。”

洛克菲勒成功的秘诀之一，就是真诚赞美他人。赞美可以让人处于愉快的情绪状态中，可以强化人的行为。人们只有主观上认为自己想做才会去做，并且做得更好，赞美可以帮你做到这一点。用赞美的方法来解决问题，在教育中起到了极为重要的作用。

一位从事教育的官员报告说："我们决定以称赞别人来代替挑剔别人的过失。但当我们看到他们做的都是负面的事情时，赞美就非常不容易做到了。要找些事情来称许，真的是很难。我们想办法去找他们值得让人赞美的事情，而他们以前所做的那些令人不高兴的事，真的不再发生了。接着，他们开始照着我们的赞许去做了。居然出乎常规，他们乖得连我们也不敢相信。虽然偶尔会犯错，但总是比以前好得多了。现在我们不必再像以前那样纠正他们，孩子们做对的事要比做错的多得多。这些全都是赞美的功劳。即使赞美他最细微的进步，也比斥责他的过失要好得多。"

根据赞美对象的不同，采取的方式和口吻也应不同。例如，对年轻人，语气上可稍带夸张；对德高望重的长者，语气上应带有尊重。

赞美与批评不同，批评只能在私下，而赞美可以在当时的情景下直接说出来，而且这样更容易让对方在情绪上受到感染，更容易让人接受和喜欢。

精神鼓励远远超越了物质奖励，赞美就像风之于帆，就像是雨露之于种子。赞美是我们成长过程中不可缺少的营养品，是希望，是动力，是自信，是自我肯定的力量源泉。

学会赞美别人，人与人之间便会多一分理解，少一点儿戒备；多一分温暖，少一点儿冷漠。当然，赞美别人，不是阿谀奉承，不是廉价的吹捧，不是投其所好的精神按摩，而是发自内心的欣赏，是友善，是鼓励，是宽容。真诚而友善地赞美别人，是一种修养，是一种美德。

记住对方的名字

美国最杰出的总统之一罗斯福，有一个特别的成功秘诀——能叫出5万多人的名字——包括白宫里修剪草坪的清洁工。

在罗斯福竞选总统几个月前的一次宴会上，他看见席间坐着许多不认识的人，就找到当日宴会的大厅负责人，从他那里一一打听清楚了那些人的姓名和基本情况，然后令人惊讶的事情就出现了。

“比斯利先生，能够见到你真是太好了！豪尔博士，你也在这里……”这几个人顿时都愣住了。

“请问您是？”几个人说出了心中的疑问。

当这些人知道这位平易近人、了解自己、能够叫出自己名字的人竟是著名政治家罗斯福时，都大为感动，也非常惊讶。

记住他人的姓名，然后自然而然地叫出来，是对他人巧妙有效的恭维。

人际沟通的场合中，记住他人的名字，不仅仅是沟通的需要，更是交际场上值得推行的一种妙招。你想一想，对于轻而易举地叫出自己名字的人，怎能不顿觉亲切呢？仿佛双方是老友相逢，这时，你有什么需要，别人怎么忍心不竭尽全力地帮助你呢？

几个月后，在总统竞选中，罗斯福使用了同样的心理战术，最终登上了总统的宝座。

人们都渴望被他人尊重，而记住他人的名字，是最简单、最能让人有被尊重的感觉的方法。

拿起集体照时，你第一个找的人一定是自己。看到一大堆的名字时，你先找的名字肯定是自己的名字。

生活中，有些人在名胜古迹游玩的时候，会在石头或树干上刻下自己的名字作为留念，他们希望“永远活在别人的心中”。尽管这是一种不文明的行为，但依然是屡禁不止，更加证明了人们对自己姓名的重视程度。

在社交场合和商务场合，你牢记别人的姓名、生日、各种喜好等细节，代表你重视对方，在乎对方。这不但有益于建立良好的人际关系，而且对个人事业的发展也会有很大的帮助。

然而，我们当中有多少人这样做过呢？

很多时候，我们被介绍给一个陌生人的时候，聊了几分钟，临别的时候，却连姓名都不记得。更有甚者，会叫错一个人的名字。

叫错名字，是一件比记不住名字更让人反感的事情。

上次和你交谈的人是王主任，你却称呼他为张科长，相信这会成为你们有效沟通的一大障碍。

记住别人的名字，并适宜地叫出来，是给别人留下好印象的秘诀。

实现有效沟通，想要初次见面就给对方留下好印象，就必须让对方明白，你很在乎对方，很重视他。能准确地记住一个人的名字，见面时自然地叫出来，正是很在乎对方、重视对方的表现。

反过来说，如果你忘记甚至叫错了对方的名字，不但会让对方难堪，而且很可能还会招致意想不到的麻烦。记住他人的名字，不失为人际交往中的一条妙计。

让对方多谈他自己

生活中，很多人经常犯一个错误：为了表现自己，努力多说话。

这种急于让对方了解自己，明白自己想法的做法，很可能适得其反。

其实，这是一种得不偿失的行为，因为话说得多了，既花费精力，又给他人传递了太多信息，让他人的主角心理在潜意识里受到伤害。

除此之外，一个说话太多的人，只顾着按照自己的思维组织语言，就会对对方缺乏了解。他们的话虽然让对方更多地了解了他们自己，却无法从对方身上吸取别的东西。这里的问题并不是别人太吝啬，而是你不给别人机会。

曾经，公司里有一个女同事，我们都称她丽姐。在一次聚会上，她说了这样一件事。

从女儿步入青春期以来，丽姐和女儿瑞雪的关系一直都不太好，有一段时间，甚至极度恶化。瑞雪以前是个十分乖巧、听话的孩子，但是当她进入青春期之后，却与母亲产生了许多矛盾，拒绝与母亲合作。丽姐曾用了很多方法试图说服、教育她，但都无济于事。

“她根本不听我的话，我几乎对她绝望了。已经快要中考了，她还约她的朋友去公园玩。在她回来后，我很生气地骂了她。

“我已经没有耐性了，我伤心地对她说，‘瑞雪，你怎么变成这样了？’

“瑞雪似乎看出了我的痛苦。她问我，‘你真想知道吗？’我点点头。于是她说了一些从未跟我说过的事情。她认为我总是命令她做这做那，却从来没有想过要听她的意见；当她想跟我谈心的时候，我却总是用家长的权威说服她。此时，我才知道，瑞雪其实很需要我的理解，不希望我是一个独断、专制的妈妈，而是一个亲密的朋友，这样她才能倾诉烦恼。而以前，我从未注意到这些。从那以后，我开始让她畅所欲言，而我则认真地听。现在，我们的关系大大改善了，还成了好朋友。”

我依然记得，丽姐和我说完之后，意味深长地说：“让她畅所欲言。她对于自己的事情、自己的问题知道的比较多，因此，多问她问题，她会主动告诉你所有的事情。”

人性的自重感，来自比较，这种感觉出现在当对方胜过我们的时候。然而，当我们胜过他们，让他们产生一种自卑感时，我们也引起了他们的猜忌与嫉妒。

让对方滔滔不绝地谈自己，是在给对方一个机会，一种能够让对方拥有自重感的机会。满足了对方的心理需要，他自然会在心里感激给他自重感的人。

要实现有效沟通，就要尽量让对方多说话，他们对自己的成就和经历一定比你了解得要多。因此，在必要的时候，向他们多提一些问题，让他们在表现自重感的过程中，告诉你一些事情。这样做将会使你们的交流更有效果。

当然，在沟通的过程中，如果你不同意对方的观点，你可能会想去反驳他。可是你千万不要这么做，因为这将是非常危险的。当一个人在自重感的支配下，将自己观点表达出来的过程中，他对反驳他意见的人的反感更甚于平时。例如，一个饥饿的人，正在狼吞虎咽的时候，却被别人抢走了饭碗，那会让他发疯的，这比让他一直饿着更严重。

因此，你要做的事情就是认真倾听他的观点，鼓励对方充分地表达自己的意见。

然而，现实中很多人为了让别人的意见与自己的观点保持一致，往往采用一种错误的策略：一直说个不停，将自己的观点强加在别人身上。这往往只会适得其反。

倾听比夸夸其谈更重要

夸夸其谈的人也许很满意自己的口才，但他们往往忽视了更为重要的技能，那便是倾听。

大多数年轻人都以为话说得越多，在社交圈里便越受欢迎，其实并非如此。

一位外交官的太太曾细述她丈夫初入外交界，带她去应酬时，遇到的尴尬。她说：“我是个小地方的人，而满屋子都是口才奇佳、见多识广的人。我拼命找话题，不想只听别人说话。”

一天，她终于忍不住向一位不大讲话但深受欢迎的资深外交家吐露了自己的困扰。外交家告诉她：“每个人说话都要有人听。相信我，善于聆听的人在宴会中同样受欢迎，而且难能可贵，就好像撒哈拉沙漠中的甘泉一样。”

“衙斋卧听萧萧竹，疑是民间疾苦声”和“四面云山来眼底，万家忧乐到心头”便是对倾听很好的描述。倾听是一门艺术，我们不仅仅要听到对方的话，还要能听出对方的心声。

某个学生在学校里出了事，左脚摔成骨折。心急的家长气冲冲地到学校要找校长算账，保安把他们挡在了门外。双方的情绪都很激动，甚至开始推搡起来。这时校长来了，他没有急着为自己辩解，而是大声喊道：“家长们，你们的心情我可以理解，但是我希望我们能做一次坦诚的交流。我说的时候，希望你们认真听；你们说的时候，我一定不打断。这样做对我们解决这件事情会有很大帮助的。”于是，大家都安静下来听校长说话。在这一说一听中，家长们了解了校长的难处，校长也知道了家长们的爱子之心，最后大家在相互谅解的前提下圆满解决了这件事，后来还成了好朋友。

著名学者查理·艾略特说：“专心致志地听人讲话是最重要的，也是对人的最大尊重。”

乌托先生从商店买了一件衣服，很快他就失望了：衣服会掉色，而且将衬衣的领子都弄脏了。他拿着这件衣服来到商店，找到售货员，想向他说一下事情的经过，可是乌托先生没做到，因为售货员总是打断他的话。

“我们卖了几千件这样的衣服，”售货员声明说，“你是第一个找上门来抱怨衣服质量不好的人。”他的语气似乎是在说：“你在撒谎，你想诬赖我们。等我给你点厉害看看。”

吵得正凶的时候，第二个售货员走了进来，说：“所有深色礼服开始穿时都会掉色，一点儿办法都没有。特别是这种价钱的衣服。”

乌托先生气得差点跳起来，他想：第一个售货员怀疑我是否诚实，第二个售货员说我买的是次等货，真气人！

他正准备说：“你们把这件衣服收下，随便扔到什么地方，见鬼去吧！”这时候，商店的负责人来了。

这位负责人很内行，他的做法改变了乌托先生的情绪，使这位被激怒的顾客带着满意的笑容离开了。

这位负责人一句话也没讲，先听乌托先生把刚才发生的事情讲完，然后他开始站在乌托先生的立场说话，反驳那两个售货员。他不仅指出顾客的领子确实是因衣服掉色而弄脏的，而且还强调说商店不应当出售使顾客不满意的商品。后来，他承认他不知道这件衣服为什么会出这样的问题，并直接对乌托先生说：“您想怎么处理？我一定按照您说的办。”

几分钟前还准备把这件可恶的衣服扔给他们的乌托先生心平气和地说：“我想听听您的意见。我想知道，这件衣服以后还会不会再染脏领子，能否再想点儿什么办法解决这个问题。”

这位负责人建议乌托先生再穿一个星期。“如果还不满意，就把它拿来，我们想办法解决。请原谅，给您添了这些麻烦。”他说。

乌托先生满意地离开了商店。七天后，衣服不再掉色了，他也完全相信这家商店了。

只要你想成为一个有作为的人，你就必须学会倾听，这样你才能在人生的赛跑中跑在最前面。

用创意引起共鸣

在蒙大拿州一个偏远的山村，一位牧民正在放牧。突然，一辆崭新的高级轿车出现在他的面前。开车的人穿着非常考究，他放下车窗探出头来对牧民说："我敢打赌，我能非常准确地说出你的牛群有多少头牛。如果我说对了，你就送一头小牛给我，怎么样？"

牧民看着这个一身名牌的家伙，又看了看漫山遍野的牧群，静静地说："当然，为什么不呢？"

开车人停好自己的车，取出他的戴尔笔记本电脑，连接上摩托罗拉移动电话，登录美国航天局的主页，在那里他申请了一个 GPS 卫星定位系统的服务，明确自己现在所处的位置。然后他要求另一颗卫星为他提供所在位置的高清晰照片，他用图像处理软件打开得到的数字照片，将这些照片发给德国汉堡的数字图像处理中心处理。片刻之后，他收到了电子邮件，图片已经处理过了，数据也被储存了起来。然后他访问了微软数据库系统，将电子邮件上的数据输入电子表格系统，几分钟后他得到了结果。

最后他用微型高精度惠普激光打印机打印出一份150页的全彩报告，他拿着报告笑看着牧民："哈哈，1586头，怎么样？""完全正确，好吧，你可以挑选一头'小牛'带回去了。"牧民答道。

牧民平静地看着开车人进入牧群，又笑嘻嘻地看着他挑选了一头"小牛"放进了他的车里。之后牧民走向他的车子说："嗨！如果我能准确地猜出你的职业，你能把它还给我吗？"

开车人看着这个乡下人想了想，点点头："当然，为什么不呢？"

"你一定是个国会议员。"牧民毫不犹豫地说。

"哇！太准确了！"开车人惊呼，"你怎么猜得这么准？"

"根本就用不着猜，"牧民说，"你们总这样。第一，没有人请你来可你还是来了；第二，你愿意花大量的时间和金钱去研究一个问题，其实你想要的答案我早就知道了；第三，我没有向你提出任何问题可你却能自己制造出问题；第四，你们总是夸夸其谈，显得非常能干。你们总喜欢拿所谓准确的数据说话，但你们并不了解那些数据背后的实际情况，比如，你知道我牧群的数字，可是我要告诉你我放的是羊而不是牛……"

议员目瞪口呆地看着牧民。

牧民伸出双手说："好了，现在把我的牧羊犬还给我吧。"

这是在网上广为流传的一个故事。在这个故事里，我们可以看到创意的力量。

可以设想这是某个人讲的一个故事。那么他想表达什么呢？我们很容易得出结论，作者只是想讽刺一下这位议员只会空谈，处理问题不从实际出发，表面上做出一副会分析、会推理的样子，其实只是些华而不实的小伎俩罢了。

但是如果作者很直白地指出这些弊端，赤裸裸地批评议员一通，不仅不能引起大家的共鸣，还可能会被戴上一个“愤青”的帽子。一旦作者把自己想表达的东西融入这种很有创意的小故事里，在人们大笑过后，作者的意见就很容易被接受了。

我们在表达自己意见的时候，总是不确定自己的想法是否会被接受。如果连想法都直接被否定了，那么接下来的行动一定会更加困难，所以我们想要得到他人的支持，就必须使他人认同自己的想法。如果你能在表达自己的想法时多加些创意，像这个故事一样，引起听者的共鸣，那你的想法就可能会得到别人的支持。

难得糊涂很可贵

有些人自认为聪明，事无巨细皆斤斤计较，殊不知这种行为实际上是愚蠢的，往往会因小失大。这样的例子举不胜举。那些受嘲笑的，不喜计较、和善易处的人，却往往有一种智慧叫大智若愚。有时，糊涂并不是无智，相反，它是隐藏着的智慧；糊涂不是无能，相反，它是人类的潜能。

因为有些事情如果非要较真，反而会愈加麻烦。所以在人际交往中，适时地装糊涂很重要。心胸开阔、宽容大度，有时候就可以大事化小，小事化了。尤其是在某一有争论性的话题还不能得出结论时，不要争强好胜，只要不是原则性的问题，有时候适时地退让、装糊涂，会让大家相处得更愉快。

有些时候，说话过于直白，反而达不到预期的效果。处于让人尴尬的场景时，模糊的语言更容易化解尴尬。

有一家旅馆要招收一名男性职员，面试时只剩下了 3 个人。面试的过程很简单，老板只问了一个问题：“假如你无意间推开房门，看见女客人一丝不挂地在淋浴，而恰好她也看见了你。这时你会怎么办？”

他们各自在答题卡上写下了自己的答案。

甲的答案是：说声“对不起”，然后关门退出。

乙的答案是：说声“小姐，对不起”，然后关门退出。

丙的回答则有些让人意外：说声“先生，对不起”，然后关门退出。

最终丙被录用了，原因是他的回答比其他两人更加机智。前面的两个人虽然说的都是实话，可是在那种局面下，这样的实话会让女客人窘迫不已，十分尴尬。而丙的这种故作糊涂的做法，让顾客减少了心理负担，能让当时的局面得到最妥善的解决，可谓是“一箭双雕”。

在现实生活中，我们经常会碰到类似的尴尬情况，不能不回答，但是直接回答又过于尴尬，这时同样可以巧妙地使用糊涂语言进行作答。当然这也算是善意的谎言，但只要我们运用得当，不仅能够极大地增进人与人之间的友谊和情感，还会让我们的生活更加多姿多彩。

著名阿根廷的足球运动员迪戈·马拉多纳被人们誉为足球场上的“上帝”，是最伟大的球员之一，也是最有争议的球员之一，1986 年马拉多纳凭借自己的杰出表现率领阿根廷队第二次获得世界杯冠军。

在 1986 年的世界杯上，阿根廷队和英格兰队相遇。比赛中马拉多纳打入的第一球是颇有争议的“手球”，当时裁判并没有看到，判定此球有效。但是有一名墨西哥的记者清晰地拍到了这个镜头，于是赛后有记者问他，第一个进球是头球还是手球？马拉多纳的回答很巧妙，既没有否定也没有承认，他说："此进球一半是马拉多纳的头，另一半是上帝之手。"

马拉多纳既回答了记者的提问，又模糊了事实。倘若他直接承认，那么球迷一定会认为比赛是不公正的，从而否定裁判的权威性；但是如果他不承认又很没有诚信，于是他将一切都归结为上帝的旨意，说是"上帝之手"指引足球进入球门的，既维护了球场的规则，又表明自己是光明磊落的。

由此可见，在某些场合，语言模糊确实起到了很重要的作用，能够缓解气氛，给自己和他人台阶下，实现双赢。有时候糊涂是一种大智慧，可以为我们化解那些难以处理、难以解决的矛盾和冲突。所以"难得糊涂"历来被推崇为高明的处世之道。"明者远见于未萌，智者避危于无形"，难得糊涂是一种取得胜利的策略。

某学校的实验室无故丢了几个凸透镜。一天，一位实验室的老师无意间发现几个学生拿着凸透镜在阳光下玩，于是走过去查看。学生看到老师之后很慌张，于是老师肯定了自己的猜测。但是为了让孩子们得到教育又不伤害他们的自尊心，他并没有直接批评孩子们，而是笑着说："哎，你们找到凸透镜了啊！我还发愁呢，不知道在搬动实验设备时这些凸透镜丢到哪里去了，下午的课都没有办法上了。我沿途找了好多次都没有发现，还是你们厉害。这样，我的课在最后一节，既然你们找到了，为了奖励你们，你们继续刚才的实验吧，最后一节课之前还给我就可以了。”

学生们在松了一口气的同时也惭愧地低下了头。下午学生果然准时将凸透镜送回了实验室。

这位老师很聪明，故意装糊涂，将责备化成了感激，自然令学生在摆脱尴尬的同时又羞愧不已。老师的目的顺利地达到了，同时还维护了学生们的自尊心。

由是观之，难得糊涂是一种科学、智慧、艺术的处世之道。有时候装装糊涂，不过于斤斤计较，既有保护自己的功能也有拯救他人的功能。但需要注意的是，说糊涂话要讲究场合、要看人，这样才能收到预期效果。

有时候，揣着明白装糊涂也是一种人情的练达。在一些特殊的场合中，人要有猛虎伏林、蛟龙沉潭那样能屈能伸的胸怀。当然，做到“明知故昧”绝非易事，如果没有高度涵养，是断然不行的。而且还要注意，一律糊涂，不可取；万事糊涂，要不得。我们要在该糊涂时糊涂，不该糊涂时旗帜鲜明。

第三章

换位思考，让人际交往如鱼得水

在竞争如此激烈的今天，与别人有观念上的冲突是不可避免的。

如果表达的时候横冲直撞，则很有可能事与愿违。

而如果我们都能用一种更加委婉的方式表达自己的想法，

那么在竞争中我们就占了优势。

真诚守信是良好交往的基础

常言道，人无信不立。诚信的基本含义是守诺、践约、无欺，是做人做事的根本。一个人只有遵守诺言，才能得到别人的信任，才能赢得别人的尊重。无信的人凭借一时的欺骗和手段，虽然可以获得短暂的利益，然而时间久了，当小伎俩被人识破，他们终将为人所厌恶、疏远。历史上商鞅和周幽王的故事就是很好的佐证。

春秋战国时期，战争频繁，人心惶惶，秦国的商鞅在秦孝公的支持下实施变法。为了树立威信，推进改革，商鞅下令在都城南门外立一根三丈高的木头，并当众许下诺言：谁能把这根木头搬到北门，赏 10 金。围观的人没有人去试，因为他们不相信如此轻而易举的事能得到如此高的赏赐。于是，商鞅将赏金提到 50 金。重赏之下，必有勇夫！终于有人站出来将木头扛到了北门，商鞅立即赏了他 50 金。商鞅凭借这一举动，在百姓心中树立起了威信，接下来的变法也就很快在秦国推广开了。新法使秦国渐渐强盛，最终统一了六国。

颇有讽刺的是，在商鞅“立木为信”之地，曾发生过一场令人啼笑皆非的“烽火戏诸侯”的闹剧。

烽火是古代边防军事通信的重要手段，只有在外敌入侵需召诸侯来救援的时候才能点燃。周幽王为博宠妃褒姒一笑，下令在都城附近的20多座烽火台上点起烽火。临近的诸侯们见到烽火，以为犬戎打过来了，率领兵将匆匆赶到，却没想到连一个犬戎兵的影儿也没有，只听到山上传来阵阵舞乐之声。大伙儿都愣住了，得知君王这么做只是为了博美人一笑后便愤然离去。褒姒看到平日威仪赫赫的诸侯们手足无措的样子，终于展颜一笑。然而5年后，犬戎大举进攻，周幽王再燃烽火而诸侯却未到，结果幽王被逼自刎而褒姒也被俘虏。

周幽王烽火戏诸侯，民心尽失，终于国破家亡，被后世传为笑柄；商鞅讲信用，不仅得到了天下人的尊重和爱戴，而且在秦国树立了威望，使得自己的变法成功推行，助秦王建立不世功业，他的诚信美德千古流传。倘若周幽王没有“烽火戏诸侯”，想必也不会那么快便落得众叛亲离的下场。

诚信是一个人的根本。有时候，不诚信或许会让我们找到通往前方的捷径，但是那些利益只能是眼前的，从长远看来，失去的会更多。

一个士兵，不善于长跑，所以在一次越野赛中很快就远落人后，他只得孤零零地独自前行。转了几道弯后，遇到了岔路口，一条路标明是军官用道，另一条路标明是士兵用道。他停顿了一下，虽然对军官连越野赛都有特权感到不满，但他仍然朝着士兵的小径跑去。半个小时后，他终于到达了终点，但是奇怪的是，终点只有他一个人。他感到不可思议，自己前面分明有很多人，为什么是自己先到了终点。他看向主持赛事的军官，军官没有给他答案，只是笑着恭喜他取得了比赛的胜利。几个钟头后，陆续有人到达终点，他们个个跑得筋疲力尽。原来这些人都在岔路口时作弊了，选择了军官用道。

一个人只有以诚信为准则，才能抵挡生活中的各种诱惑，守住做人的底线。没有诚信的人，往往为了一点蝇头小利便迷失自己，最终失去了宝贵的品质，也失去了宝贵的机会和财富。有诚信的人，不会为了眼前的利益放弃自己做人的原则，虽然会暂时处于较为窘迫的境地，但终会走出困境甚至得到加倍回报的。而无信的人，即使通过欺骗等手段暂时获得利益，然而当别人发现他没有诚信时，这些财富也会离他而去。

凡是心中有理想，并为之努力奋斗的人，都会重视诚信的力量。只有诚挚待人、光明坦荡，才能赢得他人的信赖和支持，为自己的事业和交际打下良好的基础。

诚信如同一块璞玉，可能开始看起来与普通石头无异，然而终有一天，它会为自己带来巨大的收益。而随意丢弃它的人，最终也将得到恶果，即便有心找回，却也没有那么容易。

孔子说：“人而无信，不知其可。”诚信是无形的“名片”。古人讲“人之交，信为本”。真诚守信是交往的基本要求，是取得他人理解信任的前提条件，是获得真挚友情、促使交往成功的最好方法。

你想结交什么样的朋友?

很多人都会对“你有没有朋友”这个问题嗤之以鼻，不屑回答。谁没有朋友呢？然而很多人却会对“你有多少朋友、有几个知心朋友”的问题保持沉默。

俗话说:“在家靠父母，出门靠朋友。”多一个敌人多堵墙，多一个朋友多条路。

“物以类聚，人以群分”，我们在选朋友时都会首选那些和自己情趣相投的人。所以，我们想要更直接地了解一个人，他的朋友圈可以作为一个重要的参考标准。法国科学家法拉利曾经说过:“如果你想了解你的朋友，可以通过一个与他交往的人去了解他。因为一个饮食有节制的人自然不会和一个酒鬼混在一起；一个举止优雅的人不会和一个粗鲁野蛮的人交往；一个洁身自好的人不会和一个荒淫放荡的人做朋友。和一个堕落的人交往，表示自身品位极低，有邪恶倾向，并且必然会把自身的品格导向堕落。”

一个人选择什么样的朋友，不仅对自己的生活方式、行为方式等有着巨大的影响，甚至对学识、情操、品德等也有巨大的影响。正如林肯所说：“从某种意义上讲，你选择了什么样的朋友，便选择了什么样的人生。”

三国霸主之一的刘备，原本只是一个以卖草鞋为生的小贩，偶然看到城墙上张贴的“朝廷招募英雄豪杰征讨黄巾军”的皇榜，因缘际会下结识了张飞和关羽。在张飞和关羽的协助下，刘备拉开了霸业序幕。

后刘备听说诸葛亮有大德大才，于是三顾茅庐，请诸葛亮出山辅佐自己。诸葛亮深为刘备的诚恳所动，为报答刘备的知遇之恩，决心助力刘备成就霸业。正是有了关羽、张飞、诸葛亮等这些忠肝义胆、文武兼备的朋友，刘备最终才在巴蜀称帝。

每个人交朋友都有自己的标准，但是无一例外都是善交益友、乐交诤友、不交损友。品德高尚的人，历来受人推崇，也是人们愿意结交的对象。魏徵就是唐太宗李世民的一位“诤友”，帮助他成就了“贞观之治”，在历史上留下了浓墨重彩的一笔。魏徵死后，唐太宗深感悲痛，伤心大哭。

我们在选择朋友的时候，应该选择优秀的人、高尚的人。与这些人交往，我们或多或少都会受到感染和鼓舞，增加自身的生活阅历。

印度传教士马丁就是因为朋友的影响而改变了一生。

马丁天资不高，成绩平平，在老师看来他不适合接受大学教育。但是他的父亲为了让儿子摆脱平庸的命运，最终还是将他送进了剑桥大学。在那里，他结识了一位伙伴，也正是这位伙伴，改变了马丁的命运。

这位年纪比马丁稍长点的学生成了他的指导老师，帮助马丁应付学业。当时的马丁容易激动，脾气暴躁，而他这位朋友却情绪稳定，富有耐心。他时刻照顾、指导和劝勉马丁，不允许马丁结交坏的朋友，并要求他认真学习，“这不是要得到别人的称赞，而是为了上帝的荣耀”。马丁在他的帮助下进步很快，在第二年圣诞节的考试中马丁名列年级第一。后来，马丁成了一位印度传教士，给予很多人以无私的帮助。

先贤孔子曾经说过：“与善人居，如入芝兰之室，久而不闻其香。与恶人居，如入鲍鱼之肆，久而不闻其臭。”墨子的比喻则更为形象，他把择友比作染丝：“染于苍则苍，染于黄则黄，所入者变，其色亦变。五入必，而已则为五色。故染不可不慎也。”与高尚的人在一起，你会受到他的感染，从而使自己也变得高尚起来。

“水至清则无鱼，人至察则无徒。”每个人都不是十全十美的，我们对朋友也不能求全责备。正所谓“尺有所短，寸有所长”，朋友相交贵在有所助益。

古人云：“砥砺岂必多，一璧胜万珉。”意思是说，朋友不在多，贵在交诤友。如果我们能结识几个诤友，那么在前进的道路上，就会少走弯路。

真正的朋友会真诚地关心你，为你的失误痛心；真正的朋友会直言指出你的盲区和瑕疵，真心希望你成功优秀;真正的朋友就像一面镜子，会帮你认清自我。拥有肝胆相照，直言不讳的诤友是我们人生的幸运和福气。

“谎言”也可以很美吗？

我们前面讲过诚信是做人的根本，是人际交往中必须遵守的原则。然而当我们面对一些特殊情况的时候，也应该学会适当变通一下，以取得更好的效果。善意的谎言也是一种很美的交际方式，偶尔的善意谎言，反而比刻板的真诚更容易让人心动。

善意的谎言和谎言不能混为一谈。因为通常状况下，善意的谎言并非是为了自己的私利编造出的，而是为了他人的幸福和希望去隐藏真实的信息。善意的谎言是一种信任，一种理解，一种宽容，更是一种力量。

一位母亲得了严重的肾病，医生建议换肾。儿子听了医生的话后，去做了配型比对。老人家心疼孩子，强烈反对换肾，还威胁儿子说，如果他捐肾她就自杀。无奈之下，大家只好四处发布信息，希望能找到各种条件都比较匹配的肾源。然而这谈何容易？眼看日子一天天地过去，老人家的身体一天比一天差。为了不耽误母亲的病情，儿子和家人商量合伙骗过了母亲，将自己的一个肾脏捐给了她。

手术很成功，儿子的病房就在母亲的隔壁，但是母亲并不知道。母亲想见自己的儿子，家人就骗她说儿子有紧急公务出差了。最后，等母亲康复出院了，家人才告诉她真相，母亲听后不禁潸然泪下。

为了救母亲而撒谎的儿子，谁又会指责他呢？善意的谎言，体现出人性中最宝贵的真、善、美，让人钦佩，让人感叹。

小丽和小云是工友兼室友。小丽是在单亲家庭长大的，家境一般，母亲因为父亲的关系经常不待见她，有时候心情不好了还会拿她出气，所以小丽的性格有些孤僻，而且不爱说话。一次小丽生病了，家人却置若罔闻，小丽很伤心，几乎对生活失去了信心。小云看在眼里，很为小丽担心，但是无论小云怎样安慰小丽，小丽的情绪依旧很低落。

小云找来自己的男友帮忙，以小丽同学的口吻给小丽写了一封信。信中写道："其实我很久之前便对你有好感了，可是你却从来没有注意到我对你的在意。别人都说你悲观消沉，沉默少言，可我就是喜欢你的文静。你知道吗？这才是女性的沉稳、温柔之美……只要你对生活充满信心，改变对生活的态度，你的眸子就会散发出光芒来……希望有一天，你会感觉到我的存在。"原来小云是想借别人的鼓励来帮助小丽走出消极的生活状态。

果然，小丽收到这封没有署名的来信后，十分激动，读完之后还露出了羞涩之态。她有时候做梦都在问："你是谁？我怎么不知道这个世界上还有人爱着我？"小丽开始觉得世界是温暖的，对生活也渐渐有了信心。人生价值观发生巨大改变的她，工作越来越出色，几次被评为劳动模范。后来，一个善良而能干的男人走进了她的生活，他们组成了一个幸福的小家庭。一个善意的“谎言”，让一个对生活失去信心的人获得了新生，重新感受到了世界的美好。

假若小云同小丽一起感慨惆怅，终日沉浸在悲伤之中，甚至有可能影响到她自己对生活的信心。而小云却用善意的“谎言”，让自己的朋友从危机中走了出来，获得了幸福的生活。善意的“谎言”具有神奇的力量，它能鼓舞人不断地努力，向着心中理想的目的地不断前行，未来的道路被阳光普照，生活也因此变得更加美好。

在现实生活中，善意的谎言必不可少，只要我们运用得当，不仅能够极大地改善人与人之间的关系，还会让我们的生活更加多姿多彩。

要想人缘好，需要多来往

妻子有个非常好的单身姐妹，经常到我家里来做客。

这天，妻子要求我给她的姐妹物色一个对象，说姐妹家里最近催得比较急。我随口说了一个朋友，妻子简直要跳起来了："啊？他哪里配得上我这个姐妹？绝对不行！"

其实，她的姐妹自身条件也很一般，不过，在妻子眼里却美若天仙。

事情似乎到此告一段落了。

过了两天，妻子又催我："你赶紧给我姐妹物色一个对象，她今天说了。"

我找不到合适的人选，只好将先前说的那个人再次报了上去。

妻子还是那句话："不行，他配不上我姐妹。"

当我要求妻子具体描述她的姐妹有多漂亮时，她却说不出来。当我要求她描述我的朋友哪里配不上她的姐妹时，她也只是找了几个不疼不痒的理由，说什么站到一起就感觉不搭配之类的。

可能是妻子告诉了她的姐妹我提过的这个人，过了几天，她的姐妹提出想在我们家见一见这个人。

妻子说："什么世道，牛粪不急鲜花急了。"

令我意外的是，两个人很快对上了眼，妻子也觉得不可思议。

事情过后，认真想一想，自己是否有这种倾向——潜意识里，你是否觉得和你关系好的朋友无可挑剔，别人都是高攀？

这是一种多看心理产生的效应。

先让你观看一组照片，其中有些照片出现了二十几次甚至更多，有的只出现过几次，之后让你评价对照片的喜爱程度。你是喜欢只看了几次的照片还是看了二十几次的照片？

美国芝加哥大学曾经做过这个试验，结果发现，试验者看到某张照片的次数越多，就越喜欢这张照片；那些只看过几次的新鲜照片，试验者则表示几乎没有印象。也就是说，看的次数增加了喜欢的程度。

这种对越熟悉的东西越喜欢的现象，心理学上称为"多看效应"。

或许可以解答上文中，为什么我问妻子她的朋友哪里好看时，她却回答不出来。

有好人缘的人，是那些喜欢走动的人。到朋友家中多走动走动，哪怕只是露个脸，小坐一会儿，也会有助于提高人际关系。

自我封闭，埋头苦干，想依靠一个人的努力来实现自己的目标，并非明智之举。不妨多与同事搞好关系，多与领导交流沟通，这样往往能够帮助你赢得好人缘，受到领导的器重。

在与领导、同事的交往中，恰当地运用“多看效应”，可以培养与领导、同事之间的亲密感情。这就是为什么经常在领导身边出现的人，往往容易受到领导的信任，被委以重任。

然而，在职场中，很多人却总是对领导充满畏惧，害怕见到领导，如果某一天在大街上碰见领导，甚至会刻意避开。这是非常愚蠢和幼稚的行为。很多领导通常都十分忙碌，没有太多的闲暇时间留给某个下属。只有经常出现在领导的视野里，与领导进行频繁而短暂的交流，才能使领导加深对你的印象。当领导对你有需要或需要服务的时候，自然首先会想到你。

在职场中，同事间如果能运用“多看效应”，提高效率，缩短见面时间，增加见面次数，则更加容易增进彼此感情，收到事半功倍的效果。

当然，这里需要提醒一下，“多看效应”发挥作用的前提，是第一印象要好；即便是不好，也不能差。若给人的第一印象很差，则见面越多就越讨人厌，“多看效应”反而会起反作用。

将“附和”坚持到底

在人际交往中，想要给对方留有好印象有很多种方式，而附和就是通过换位思考获得好人缘的有效方式之一。通常，附和多有贬义意味，指因赞同别人的言行而表示应和、追随。但是我们这里所说的附和，是指在交谈过程中为他人着想，倾听者对说话者的态度。

美国的心理学家奥罗隆·西格曼曾做过关于倾听者的态度对说话者会产生多大影响的试验。被调查的 48 名大学生被组织起来之后，分别参加了两个阶段的面试。在面试的过程中，面试官会在第一阶段和第二阶段表现出两种不同的态度，附和和不附和，然后观察面试者的反应，并让面试者选出自己最喜欢的、有亲和力的面试官。

结果发现，如果面试官在第一阶段附和而第二阶段没有附和，面试者对其印象的好感度会下降；在第一阶段和第二阶段都附和的面试官，面试者表示对其印象一直很好；在第一阶段没有附和但是在第二阶段附和了的面试官，面试者对其印象的好感度会逐渐上升。可见，谈话与倾听者的附和程度有很大关系。如果倾听者对无聊、乏味的谈话坚持附和到底，那么就能够赢得对方的好感。因为倾听者的附和是对说话者观点的赞同或者是欣赏，而且还暗含了鼓励他继续说下去之意。

其实附和的方式很简单，只要你在对方说话的过程中，适当地插入一些鼓励的词语就可以了，如“你说得太棒了！”“非常正确！”“这确实让人气愤！”……而这些简单的句子能够表达出你对说话者的理解和支持，让其情感得到释放，找到依托。当然，除了以上的方式之外，倾听者为了让说话者知道自己一直在认真地倾听，还可以在说话者说完一段内容之后，将其讲的中心意思总结一下，而后问对方自己理解的是否有误，并就一些内容提出问题，以此来表达自己对谈话内容的关注。这样一来，对方不仅能够感受到你的重视，还愿意跟你进一步地交流。

一位老教授与几个学生无事闲聊，一个学生问起了教授当年读书时的事情。教授说：“我们没有办法和你们相比，现在学校有体育馆、游乐园、咖啡厅、游戏厅、放映室，只要你们想，生活就能过得丰富多彩。我们那时候就单调多了，课堂、图书馆、宿舍三点一线，娱乐设施一样没有，单调得很呢。”

学生听了教授的话都笑了，教授接着说：“单调也有单调的好处。所有的精力都用在了读书上，整天泡在图书馆，基础知识越发地牢固，给后来搞研究提供了基础。这就像盖房子，没有好的地基，再漂亮的房子最终也只能轰然倒塌。搞研究，基础巩固了才有可能创新。我当初做关于青藏高原地质变迁的课题时，除了要查自然地理方面的书，还要查一些有关地质演变与生物演化方面的书。那时候，没有科技产品，自然也就不会有计算机、文献电子稿，完全依靠图书馆里纸质的资料，跟你们现在做项目相比要难多喽！”

教授说完之后，端起来杯子开始品茶。这时，其中一个学生问道：“教授，您刚才说您当时研究的是青藏高原地质变迁的课题，可是参考资料却涉及区域内的生物演化，当时是不是很少有人将这两个角度结合考虑？”

教授听完学生的问题之后赞许地笑了，回答道：“我们做课题，就是要做别人没有想到的东西，这样才会有意外的收获，才能够有机会创新。我现在拿你正在研究的课题做个例子，分析一下是不是有更好的研究方向。”在之后的聊天中，教授就这位学生的课题展开了论述，给他提了很多有建设性的建议，让他受益匪浅。

附和是倾听技巧中最基本的一项，即使不能做到在倾听的过程中提出有用的建议，只单纯地附和也能够让说话者感受到你的诚意，从而对你产生好感，将你划入他的交际圈。

有“礼”走遍天下

礼貌待人是我们中华民族的传统美德。古人云:“君子不失足于人，不失色于人，不失口于人。”意思是说，有道德、有修养的人待人应该彬彬有礼，态度不能粗暴傲慢，更不能出言不逊。

礼貌是礼仪的基本体现。正如歌德所说:“一个人的礼貌是一面照出它的肖像的镜子。有一种内在的礼貌，它是同爱联系在一起的，它会产生出最令人愉快的礼貌。”所以说，得体的礼仪是赢得别人信赖的重要条件之一。“礼”并不只是一种外在的表现形式，还是沟通感情的一道桥梁。如果人们能自觉地做到礼貌待人，不仅能改善人与人之间的关系，还可以无限提升个人修养，使自己更有魅力。

心理学研究表明，受到尊重、尊敬是每个人都会有的愿望。人们都渴望自立，成为家庭和社会中真正的一员，平等地同他人进行沟通。因此，如果你能以礼貌的态度与人沟通，对方会觉得受到了尊重，从而对你产生好感；相反，如果你自觉高人一等，居高临下、盛气凌人地与人沟通，对方会感到自尊受到了伤害而拒绝与你交往。

一天，一位女士带着一个小男孩走进美国著名企业“巨象”集团的花园。他们坐在一张椅子上，女士随手将一团用过的纸巾丢在了旁边的灌木丛上，然后开始大声呵斥男孩。这一幕恰巧被一位正在修剪灌木的老人看在眼里。老人看了看那位女士，默默地把纸团捡起来扔到了附近的垃圾箱里。没想到，几分钟之后，那位女士又拿出一张纸巾，擦了擦脸后再次随手丢掉。老人依旧一言不发，又走过去把纸巾捡起来扔到了垃圾箱里。

看到这一幕，女士指着老人大声地对男孩说：“你看，如果你再不好好学习，你将来就会和这老头一样，一辈子做这些卑贱的工作。”老人听了，放下手里的剪刀，来到女士的面前，问道：“夫人，请问您是这家公司的员工吗？这里是公司的私人花园，只有员工才能进来。”女人一听老花匠竟然质疑自己的身份，立刻拿出证件在老人面前晃了晃，傲慢地说：“我就在这里工作！”老人沉默了一会儿，打了一个电话后回到灌木丛继续自己的修剪工作。

一会儿，一名高管匆匆赶来，毕恭毕敬地站在老人面前说：“我这就按您的吩咐免去这位女士的职务。”老人没有回答来人的话，只是走到小男孩的面前，说：“孩子，这世界上最重要的，不是学会一身本领，而是要学会去尊重每一个人。”说完便转身离开了。

那位女士愣在那里不知所措，不明白自己的上司怎会如此尊敬一位老花匠。高管严肃地说："这位老人是我们集团的总裁。而现在，你被开除了。"女人顿时僵在原地，难以置信地看着老人离开的方向，喃喃地说："他竟然是总裁詹姆斯先生。"

我们的人际关系随着社会和经济的不断发展变得越来越错综复杂，但是"万事礼为先"是亘古不变的真理。

《诗经》有云："谦谦君子，赐我百朋。"多礼能体现一个人的修养素质，很多事情的成功往往在于你尊重对方。当"礼"已经成为你生活中的一种习惯，它将会帮助你打开人际交往的局面，带着你走向成功。

献出热情，赢得真情

换位思考不仅对日常生活中的人际关系很重要，对销售的作用也很大。推销人员不仅要深入市场做调查，了解客户的需求，还要了解客户的心理，这样才能与他们更好地进行情感交流。

老王和老李年纪相仿，在同一条街上卖豆腐，吆喝的腔调一样悠长有余韵，但两人的生意却不一样，老王的生意总是比老李的要好。起初老李觉得奇怪，都是一样白嫩的豆腐，都是给很足的秤，这是为什么呢？

后来，他逐渐发现了其中的奥秘。原来，同样是卖豆腐，老王总是会比自己多说一句话。比如，张大妈去买豆腐，老王会边称豆腐边问："身体还好吧？"如果是跑运输的赵师傅去买，老王会说："活儿多吧？"话语里透着理解和关心。时间久了，大家都把老王当成了朋友，即使不需要豆腐，听到他的吆喝声，也要买一点儿放在冰箱里。

卖豆腐的老王主动与客户说话，进行情感交流，让客户觉得老王不是在向他推销，而是在关心他、想着他，是要为他提供方便，因此大家非常认可他的产品和服务。

一家生意兴隆的面包房雇用了很多女售货员。她们个个彬彬有礼，老主顾们都很喜欢她们。其中一名女售货员尤其出色，就算顾客还在排队或在别的售货员处付账购买，她也会亲切地叫出他们的名字，向他们问好。她自己招呼顾客时更是热情周到，最后还总关切地问一句：“我还能为您做点什么？”

有一天，店里来了位显然是“陌生人”的女顾客，她看到这名售货员后似乎想起了什么，问道：“好些年前您是否在一家大食品店做事？我常去那儿，对您印象可深了。”

这个例子证明了：热情总是会起到积极的作用。这是使自己脱颖而出与他人建立起特殊关系的一条捷径。

在合作的过程当中，当客户向你提出某些显然需要你费些力气才能完成的请求时，你不要显出大吃一惊的样子，也不要发牢骚，还要注意别把灰心失望的情绪写在脸上。

在与客户交流时一定要表现出你的热情。你的热情会让客户感觉到你在重视他、关心他，与他站在同一立场上，还表明你乐于帮助他，愿与他携手前进。这样一来，何愁业务不来？

转个弯才不会撞墙

说话的时候心眼太直就容易撞墙。说话碰壁的滋味的确不好受，碰了一鼻子灰不说，还要遭到别人的白眼。

怎么说话才能不碰壁呢？那就是遇到困难的时候要懂得转弯。

有一位才华横溢的先生，他认真努力地生活着。然而，他直言不讳的个性，使他好像永远都无法与他人和平共处。

他总是说些不该说的话，无意中伤害了他人的感情。他的努力变得毫无意义，因为在他的头脑里压根儿就没有“把话变个方法说”的观念，他一直都在不断地得罪和冒犯他人。

我们都可能认识这样的人，他们以无拘无束、鲁莽直率的说话方式为荣。他们认为这是一种诚实的表现，是一种独特的个性。在他们看来，那些迂回曲折的表达方式和人际交往中常用的外交辞令，都是懦弱和虚伪的表现。他们所信奉的是“有什么就说什么”。然而，这样的人永远都不可能取得成功。

尽管人们相信他们是诚实的，但是由于他们不愿意把话裹上一层

“糖衣”，不善于察言观色，而常常把事情搞得一团糟。每次他们在他人面前说话，总是会触及他人的痛处，常常惹得他人火冒三丈。这样的人怎么可能会成功呢？

我们都喜欢受到体贴入微的关怀，喜欢被别人温柔地对待，希望和聪颖机智的人打交道。

因此，即使是讲真话也要把它转变成别人能接受的方式说出来。

德皇威廉二世派人将一艘军舰的设计图交给一位造船界的权威人士，请他评估一下。他在所附的信件上告诉对方，这是他花了许多年、耗费不少精力才研究出来的成果，希望对方能仔细鉴定一下。

几个星期之后，威廉二世接到了这位权威人士的报告。这份报告附有一沓十分详细的分析推论材料。文字报告是这样写的：“陛下，非常高兴能见到一幅美妙的军舰设计图，能为它做评估是在下莫大的荣幸。可以看得出来这艘军舰威武壮观、性能超强，可说是全世界绝无仅有的海上雄狮。它的超高速度前所未有，武器配备也是举世无双；舰内的各种设施，将使全舰的官兵如同住进一间豪华旅馆。但这艘举世无双的超级军舰还有一个小缺点，那就是如果一下水，马上就会像只铅铸的鸭子般沉入水底。”

本来就是“玩票”性质的威廉二世，看完这个报告，不禁一笑。

其实这位造船界的权威人士的意思就是这张设计图根本是张废纸，

但他如果直言不讳地说“陛下，您的设计图一点也不适用，只有一个空架子”，结果会怎么样呢？想必大家都能想象得到吧。

所以，即便出发点是为他人着想也需要让言语裹上一层糖衣。

明朝开国皇帝朱元璋，少年时当过放牛郎，交了一些穷朋友，称帝后，他总有一种高处不胜寒的感觉，总想找昔日的朋友叙叙旧。

一天，果然来了一位旧友。这位朋友进宫之后指手画脚地说：“我主万岁！皇上还记得吗？从前你和我都替财主放牛。有一天，我们在芦花荡里，把偷来的青豆放在瓦罐里煮，还没等煮熟，大家就抢着吃。你把罐子打烂了，撒了满地的青豆，汤也泼到地上了。你只顾从地上抓豆吃，不小心把草叶送进嘴里，卡住了喉咙。还是我的主意，叫你把青菜叶吞下，才把卡在喉咙的草叶咽进肚里去。”朱元璋听了他的述说，在百官面前哭笑不得。为了保住颜面，他把脸一沉，厉声喝道：“哪来的疯子，替我乱棍打出去！”

这个抱头鼠出的倒霉蛋，见到朱元璋的另一位旧友——昔日的同路放牛娃，于是向他诉苦，说朱元璋不讲情面。那位朋友抿嘴一笑，说：“你看我去，保得富贵。”

于是他大摇大摆地走进宫中，见到朱元璋，低头便拜，然后叙起旧来：“皇上还记得吗？当年微臣随皇上大驾骑着青牛去扫荡芦州府，打破了罐州城，汤元帅在逃，您却捉住了豆将军，红孩儿挡在了咽喉之地，多亏菜将军击退了他。那次战斗我们大获全胜。”他把丑事说得含蓄动听，朱元璋对旧友吹嘘的那场战争心知肚明。朱元璋面上有光，又想起当年大家饥寒交迫有难同当的情景，心情激动，立即给这位旧友封了一个官职。

面前出现了一堵墙，以头撞墙的过墙方法可是最愚笨的，转个弯绕过去不就可以了嘛。

寻找合适的方法实现自己的愿望

台湾著名综艺主持人于美人在谈自己的谈判技巧时，讲了这么一个故事。

“一次，电视台老板要找我谈有关酬劳的问题。当然，我的目标就是加薪，但是我不知道要如何开口，于是我想起张良“计存太子”的故事，很想找一些演艺圈的老前辈来为我说情。不过根据学生时代的经验，这似乎不是个好方法！

“我很想鼓起勇气直截了当地跟老板说我要加薪。但是我刚进入电视圈不久，如果讲得这么直接，会不会太过分呢？

“为了这次薪资谈判，我挣扎了好多天，始终想不出该如何向老板开口。到了谈判的那天，我的脑袋还是一片空白。怎么办呢？只好见招拆招！

“薪资谈判的那天下午，我与这位电视台老板相约在某家五星级饭店的餐厅喝下午茶。我们聊了很多，但是没有半句话跟加薪有关。眼见这场下午茶就要结束了，我的内心开始焦虑起来。

“正好这家餐厅里有位漂亮的女服务员正在为客人续杯。她朝我走来，礼貌地问我：‘于小姐，请问您要加茶还是加咖啡呢？’这时我的脑海中突然浮现出我老妈狂笑的脸庞，于是我福至心灵地大声对女服务员说：‘可以加薪吗？’老板听到我那直白但却委婉至极的真心话之后，居然跟我妈一样，大笑了三分钟。按照以往‘大笑三分钟，好事自然多’的经验，我相信马上就会有好事发生。果然，老板笑完之后，立即同意给我加薪！”

看完这个有趣故事的人，都会为于美人的聪慧会心一笑吧！是的，有时候，你觉得很难说出口的话，只要换一种方式，好好地说出来，是会得到对方的理解的。

在美国经济大萧条时期，有一个名叫露西的女孩好不容易才找到一份在高级珠宝店当售货员的工作。在圣诞节的前一天，店里去了一个30多岁的顾客，他衣着破旧，满脸哀愁，用一种羡慕而不可企及的目光，盯着店里的那些高级首饰。

露西去接电话的时候，不小心把一个碟子碰翻，六枚精美的钻石戒指掉到了地上。她急忙弯腰捡起了其中的五枚，但第六枚却怎么也找不到。正在这时，露西看到那个30多岁的男子正向门口走去，她顿时意识到了什么。正在男子的手将要触及门柄时，露西柔声叫道：“对不起，先生。”

那个男子听见露西的叫声后，转过身来，两人相视无言。过了几十秒，“什么事？”那个男人问，脸上的肌肉在抽搐。又过了一会儿，他再次问道：“什么事？”

露西神色黯然地说：“先生，这是我的第一份工作。现在找个工作很难，想必您也深有体会，是不是？”

那个男子久久地审视着露西，然后他脸上有了一丝笑容。他说道：“是的，确实如此。但是我能肯定，你在这里会做得不错。我可以为你祝福吗？”说完之后，男子向前一步，把手伸向露西。

“谢谢您的祝福。”露西也立即伸出手，两双手紧紧握在一起。露西用非常柔和的声音说：“我也祝您好运！”然后，男子转过身，走向门口。露西看着男子的身影消失在门外，转身走到柜台，把手中握着的第六枚戒指放回了原处。

露西巧妙地运用暗示，让对方知道找工作的不易，以此来诱导对方交出想要拿走的戒指。就这样，一起盗窃案轻松化解了。在说服他人时，有时为了使对方减轻敌意，放松警惕，我们就要绕弯子、兜圈子，千方百计把话说好。

第四章

换位思考，让批评与说服变得简单

学会含蓄的批评，让对方体面地接受，

这也是对自己和他人的尊重。

点到为止，让对方意识到错误就足够了，

千万不要上纲上线，

否则你就犯了和对方一样的错误。

拿放大镜看别人之前，先看看自身

美国纽约电视台曾播放过这样一段让人啼笑皆非的视频。

视频中正在举行阅兵仪式，一个军官模样的人一脸威严，眼睛犹如鹰眼一般，锐利地扫视着队列。

突然间，他好像发现了什么，直直地走到一个士兵面前，将士兵上下打量了一番，严厉地命令说:“把口袋上的扣子扣好。”

这个士兵非常慌张，结结巴巴地问:“是现在吗，长官？”

军官说:“是的，马上！”

这个士兵小心翼翼地伸出手，把上校衬衫口袋的扣子给扣上了。

原来这位长官制服上的扣子也有同样的问题。

这让人大笑不已。

里根担任美国总统之后，应加拿大总理特鲁多的邀请，前往加拿大进行国事访问。

在加拿大总理府进行演讲的过程中，里根的讲话不断被反美示威的加拿大人打断，特鲁多显得很不自在。

里根笑着说："这种事情在我们美国时有发生，我想这些人一定是特意从美国来到贵国的。他们想让我有一种宾至如归的感觉。"

这一席自嘲的话，顿时使特鲁多眉开眼笑，同时也使里根很顺利地摆脱了尴尬的处境。

里根首先指出自己经常处于这种境地中，说明自己也不是无可指责的，然后再让特鲁多接受目前的处境，不受环境影响，两人之间的交流沟通就顺畅多了。

美国心理学家梅奥在自己的著作中说："批评不仅仅是一种手段，更是一种智慧。没有人愿意听到批评的话，但能够在批评别人之前，我们先批评一下自己，就会完全不同了。"

梅奥在一所大学讲课时，有人给他推荐了一位助手斯坦利，梅奥高兴地答应了。

斯坦利当时还只是一个大学三年级的学生，没有任何的工作经验，对商业常识和生意上的事一无所知，有一段时间，她经常犯错误。

看到斯坦利连最简单的事情都处理不好，梅奥非常生气，很想批评她几句，但转而一想，她年纪小，阅历浅，不能太苛求，于是改用和颜悦色的口气对她说："现在你经常做错事，这是很难避免的，我在你这个年纪的时候，也像你一样，经常做错很多事情。但后来我注意学习，犯的错误就越来越少了。因此你也要多学习。我相信将来随着年龄的增长你一定会越来越能干的。”

从那之后，斯坦利犯的错误越来越少。而她每次有错的时候，梅奥都会说：“我在没有用心的时候，也会犯这些错误。因此，斯坦利，你要用心去改掉这些错误。”

毕业之后，斯坦利成了梅奥的助手，后来还成了他的得力干将。

人际沟通中，如果我们能够在批评别人之前，先指出自己的错误，再让被批评者承认他自己的错误，似乎就不那么困难了。

人际交往中，我们常常如故事中的军官一样，在看待别人缺点的时候好像携带了放大镜，但对于自己的缺点，却好像是盲人一样看不见。批评别人容易，反省自己难。很少有人能够像里根总统一样，批评别人时先进行自我批评。

那位长官如果能够在批评士兵之前，先扫视一下自己的着装，再对士兵说：“你认真地检查一下我的着装，有没有问题？”那么不管士兵如何回答，长官都可以说：“是的。我像你一样，也存在这样的问题，但我希望你可以在以后的时间里，注意着装，让我们一起改掉这个错误。”

相信效果会更好。

卡耐基说过，人与人之间的关系不是批评而是欣赏。欣赏对方的长处，包容对方的短处；宣传别人的好处，担当别人的难处。

人的劣根性让自己的眼中容不得半点沙子，尤其是别人的思想或者行为产生的“沙子”，即便这种“沙子”本质上只是大家在价值观念上的冲突而已。

想真正地避免“沙子”，需要认真地检索，确定这粒“沙子”是真正的“沙子”，而不是价值观念的“沙子”。另外，在帮别人清理“沙子”的时候，自己身上不要有“沙子”，否则只会适得其反。

因此，在批评他人时，一定要先检查自身，确保自身没有问题，再客观地分析他人的问题，诚恳地提出自己的意见或建议。

点到为止，响鼓不用重槌敲

俗话说：“明人不用细说，响鼓不用重槌。”在日常生活中，如果遇到他人犯了错误，而这个人又是一个头脑比较清晰的人，那么我们提醒时只需轻轻触及话题的边缘，让对方明白意图即可。正如一面上乘的鼓，鼓面质量好，不用很大的劲儿敲就会很响，明事理的人犯了错误，只要稍加提醒就好。

有时候，点到为止之所以能够让对方更快地接受你的意见或者建议，是因为你没有直接提出对方的问题，给他留了面子，即便知道是在批评他，他也不会有太大的反弹情绪。这样的做法不仅能体现出你自身的涵养，还容易赢得受教者的好感，为之后的人际交往奠定良好的基础。

人非圣贤，孰能无过。人往往会在犯错之后懊恼，这时如果听到外界的批评尤其是那些过火的批评，心里或许会更难受，甚至产生抵触情绪。因此，我们批评犯错之人时一定要控制好火候，旁敲侧击能够达到目的的绝不直说。这种暗示的方法还能够显示出说话者的说话技巧和语言魅力。

俗话说“过火饭不要吃，过头话不要说”。面对问题时，如果你说话不注意措辞和轻重，而对方自尊心又强，那么很可能弄巧成拙，不仅不能“化危机为转机”，还可能让彼此的关系破裂。

被誉为“纸币之父”的张咏和寇准是好友，据《宋史·寇准传》记载，张咏在成都，听说寇准要当宰相了，对他的跟随者说：“寇公奇才，惜学术不足尔（寇准天纵奇才，治理国家是把好手，只可惜学术不足）。”作为至交好友，张咏很想找机会劝诫寇准。恰逢张咏任职期满去朝廷候差途经陕西时，寇准也在那里，于是他们得以有机会见了一面。

临分手时，寇准问张咏：“何以教准（你有什么要嘱咐我的吗）？”张咏本就有意劝说寇准多读书，现在寇准自己来问，他当然想将自己的想法告诉寇准，但是寇准官居高位，即便是好友也不合适直截了当地说，于是他不紧不慢地说：“《霍光传》不可不读也。”寇准当时不明白张咏说这话的意思，但是又没好意思直接问，回到家里后便找来《霍光传》仔细阅读。当他读到“光不学无术，阇于大理”时，恍然大悟，哈哈大笑道：“此张公谓我矣（张公原来说我不学无术）！”从此以后，寇准认真读书，学问大有长进。

张咏临别时的一句赠言“《霍光传》不可不读”，将他对寇准怠慢学术方面的不满绝妙地表达了出来。如果张咏直接对寇准说，你治理国家有一套但是学问欠缺，以后要多读书，我们来想象一下，寇准会有什么样的反应。即便当时他没有反驳或者生气，可是多少也会有抵触心理。而张咏通过让他读《霍光传》这个委婉的方式，就使寇准愉快地接受了自己的建议。正所谓“响鼓不用重槌敲”，寇准是聪明人，也是知错能改的自觉人，只需轻轻点拨即可。

高明的批评者都明白这一道理，批评他人时多采取这种十分高明的暗示手段，而且很注重说话的分寸，不易造成被批评者的逆反心理，因此更容易达到批评和警示的目的。

有一位经验丰富的班主任曾经说过：“教育有时就如想马上擦掉一件衣服沾上的几点泥，反而越擦越脏，不如等泥晾干，再用手轻轻一弹，干涸的泥点便会轻松地剥落下来。”由此可见，做事不懂分寸，可能会将原本简单的事情搞得更加糟糕。

当你善意地对对方提出批评时，多运用“响鼓不用重槌敲”、点到为止的语言艺术，不仅能纠正对方的错误，还能为你赢来更多的掌声。

暗示性批评更有效果

一般情况下，人们在知道自己犯了错误时，即使是能很快地醒悟，也不愿意坦白承认，这时就需要出现一个能够给予指导和纠正他错误的人。

人们一般总是愿意相信自己通过实践得出的结论，习惯于通过独立思考发现问题的所在。

因此，当你给他人提出建议时要给他人考虑的余地，尽量弱化你的主导作用，然后告诉对方这只是你的判断，并声明这只是个人的看法。在将你的看法传递给对方时一定要避免使用独断专行的词语，如“绝对是这样的”“全部是这样的”或者“总是这样的”，而要采用一些委婉的措辞，如“有些是这样的”“有时是这样的”“大多数人都是这样的”。

对那些自己没有亲历、不了解的事实，或存有疑点的问题发表看法时，尽量用限制性词语，如“仅从已掌握的情况来看，我认为……”“如果情况是这样的话，我认为……”“这仅仅是个人的意见，不一定正确……”这样，你的意见就会比较客观，而且当出现新的情况时也可以随时纠正自己的看法，为自己留有余地。

其实暗示性的策略语言多委婉、含蓄、隐蔽，适合利用弦外之音巧妙地表达自己的批评之意。

1887 年 3 月 8 日，美国牧师及演说家亨利・华德・毕奇尔逝世。因他的逝世，很多牧师哀伤不已，为了缓解他们的情绪，莱曼・阿伯特被邀请来为他们做演讲。

莱曼・阿伯特特别想利用这个机会表现自己，于是他将演讲稿反复地修改，而且不断地加以润饰，希望可以打动别人。为了保险，莱曼・阿伯特改完之后，读给妻子听，希望她可以给些意见。

事实上，虽然他这次比任何一次都认真，但是他的演讲稿却和之前的演讲稿并没有任何区别。可是看到他高涨的热情，妻子没有直说，而是告诉他："亲爱的，我觉得如果你的演讲稿登在《北美评论》杂志上，将是一篇极佳的文章。"

莱曼・阿伯特很快便明白了妻子的意思，于是撕掉了演讲稿，从那之后，他演讲再没有写过演讲稿。

在奉劝别人时，一定要思考应该以什么样的方式把它说出来而且不会让对方难堪。我们试想一下，如果莱曼・阿伯特的妻子，直接告诉他："莱曼，我觉得你写得糟糕极了，根本不是演讲稿而像百科全书，枯燥无味，听众一定会睡着的。你已经传道很多年了，难道没有更好的认识吗？看在上帝的份儿上，你最好像普通人那样说话，让自己的表达自然亲切一点，如果你拿着你的演讲稿去演讲只会自取其辱。”莱曼·阿伯特会是什么表情，也许他会深受打击再也不愿意去演讲，也许他会觉得妻子太刻薄了，毕竟她不是这方面的专业人士，有什么资格将自己批评得一无是处呢？

如果妻子这样指出莱曼·阿伯特的问题，还可能给以后的夫妻关系埋下隐患。而莱曼·阿伯特的妻子却恰恰相反，她的批评很有技巧，既称赞了演讲稿写得很不错，也巧妙地暗示了莱曼·阿伯特的演讲稿可能不适合演讲，在保住了丈夫自尊心的前提下，又给了他很好的建议。

所以当你对对方提出批评时，尤其是在那些没有搞清楚事实或者自己不擅长的领域，都不宜说过头话，用“藏颖词间，锋露于外”的形式更合适。为了让对方信服，我们可以通过列举和分析真实的案例，暗喻其错误，还可以通过列举分析历史人物是非，让其明白其错误。当然也可以通过分析正确的事物，将其犯的错误通过比较凸现出来……

当然除了上面几种方式以外，还有很多暗示法也很有效。如通过故事暗示，用生动的形象增强感染力；通过笑话暗示，不仅能增加幽默感，还不会使犯错者尴尬；通过逸闻暗示，更易于接受。总之，我们的目的是为了使人反思领悟，从而自觉愉快地接受意见，改正错误。

批评也需和风细雨

说到批评，我们想到的第一件事就是严厉的语言。其实，并不是所有的批评都是暴风骤雨，和风细雨的时候也不少。每个人都有自尊心，所以我们在批评别人的时候，千万不要伤害其自尊心。如果想要对方心悦诚服地接受你的批评，就算你是一片好心，用语也要含蓄委婉。

当然，使用含蓄式的批评时，场合也非常重要。通常，有第三者在场的情况下，哪怕是最温和的批评也会让对方恼羞成怒，不管你的批评对与错，他都不会领你的情，甚至对你怀恨在心，因为他会觉得你让他颜面扫地了。这个时候，你就可以使用含蓄式批评。

一天中午，查尔斯·斯科尔特在他管理的美国钢铁公司旗下的一家钢铁厂看见了这样的一幕：几个工人在抽烟，而他们的头上赫然竖着一块写着“禁止吸烟”的大牌子。如果你是斯科尔特，会有何反应？是不是会直接走上前去，指着那块大牌子说：“你们不识字吗？”很多管理者的确是这样做的。可是，斯科尔特并没有。

他径直向那些人走去，给了他们每人一支雪茄，然后说：“各位，如果你们能到外面抽雪茄，我一定会感激不尽的。”工人们立刻明白了怎么回事。

当面指责别人，肯定会遭到对方强烈地反抗，而不着痕迹地暗示对方，使其认识到自己的错误，则会收获尊敬和爱戴。在批评别人之前，我们可以先将对方赞美一番。例如，某家长为了让孩子用心学习，决定改变之前严厉的说话方式，换用赞扬式：“宝贝，我们都为你自豪，因为这个学期你的成绩进步了。但是，如果你的数学成绩能再好一些，就更好了。”

此外，我们还要明白一件事，即使真的是对方的错，必须让他承认并改正，也尽量不要用“你错了”之类的词语。你可以使用一些技巧，让对方即使听不到“你错了”这样的词汇，也能明白他“错了”。

正如一位哲人所说：“必须用避实就虚的方式劝导别人，告诉他不知道的事情似乎是他忘记了。”

学会含蓄式的批评，才能让对方体面地接受，这种方式是对自己和他人的尊重。

绵里藏针，让话语掷地有声

绵里藏针，简而言之，就是软中带硬。“软”指的是说话时的语气和态度比较和缓，“硬”指的是表达的内容比较强硬。在和他人交涉时，为了避免因为严厉和争执而陷入尴尬，就可以用这种说话的技巧来让对方意识到自己的错误。

当然，使用绵里藏针的方法时应尽量避免指名道姓，用一种比较温和的语言点到为止就可以了。同时，你的“针”必须符合两个条件：硬、准。只有击中对方的要害，他才会有所顾忌，才会知难而退。

而当面对的是你的顶头上司，或者是与你的事业息息相关的对手时，你就更应该注意说话的分寸。即使彼此之间真的有不可调和的矛盾，你也应该镇定，学会“绵里藏针”，而且要“针针见血”。

一次，一位外交官偶然看见美国总统林肯在擦自己的皮鞋，便问：“总统先生，您经常擦自己的皮鞋吗？”林肯笑着说：“是的，难道你经常会擦别人的皮鞋？”林肯的回答简单直接，表面上很温和、礼貌，实际上却话中有话，有很强的反击意味。

如果是在正式场合，说话时我们应该注意两件事：第一，该说的话必须要说，绝不能放弃原则；第二，不要把关系弄僵，不能伤了和气。因此，表面上你说的话要尽量委婉，实际上却能将对方反驳得哑口无言。这种绵里藏针的口才，可比直截了当、毫不留情地否定他人要高明得多。当然，“绵里藏针”用得好不好取决于我们的修养和智慧。用“绵”换取人心，用“针”表达自己的观点，既让人心服，也让人口服。

所以，即使双方已经“暗流涌动”，也不要用“狂风暴雨”的形式伤了彼此，而应该用“绵里藏针”的技巧，以柔克刚，这才是上上策。

有策略地忠告，莫强加于人

我相信大家都会有这样的感受，有些话不得不说，可说了又会伤害感情，把事情弄糟。因此，你就顺理成章地用一句中国古话来替自己开脱："良药苦口，忠言逆耳。"

而事实上，很多时候良药未必苦口，忠言也未必逆耳。过去，良药会苦口，主要是因为医学不发达，而忠言会逆耳，主要是因为说话者口才不好，研究不够。研究不够，也是因为对对方了解不够。

苦口的良药和不苦口的良药同时出现的话，毫无悬念，所有的人都会选择不苦口的良药。逆耳的忠言和悦耳的忠言相比，后者永远都更加受欢迎。现在，医学越来越发达，苦口的良药逐渐被淘汰，取而代之的是外面裹上了一层"糖衣"的良药。同样的道理，我们的逆耳忠言也需要穿上一件"糖衣"，而了解和欣赏、温暖和热情就是"糖衣"的最好原料。

我们的忠言，换言之，就是我们的口才，是建立在对人的同情和了解的基础之上的，而且以对人的了解和欣赏为结束。我们的忠言，能让人接受，并铭记于心。越思考、越回味，别人就越能感受到我们对他的了解，越能感受到我们对他的欣赏。

批评是一门高深的艺术，在批评别人之后让其心悦诚服地接受，需要一定的技巧。在这里为大家介绍其中的几种。

安慰型批评。

安慰的形式中暗含批评，是批评的诀窍之一。也就是说，在指出对方错误的同时对其表示肯定，让犯错者更容易接受。

莫泊桑年轻时，有一次向著名作家布耶和福楼拜请教诗歌创作方面的问题。两位大师一边听莫泊桑朗诵诗作，一边喝香槟。听完后，布耶说:“你的诗歌中，句子的意象太多了，虽然理解起来并不难，却像嚼一块牛蹄筋一样。不过，我还读过更差的诗。这首诗就像这杯香槟一样，勉强还是能咽下去的。”这个批评虽然很直白、很严厉，但留有余地，给了莫泊桑些许安慰。

模糊型批评。

也就是说，用模糊的言辞替换直白的批评，即使没有点名道姓，也能让被批评者心知肚明。

某公司职员工作一直很懒散，经理便召开职员大会“敲警钟”。他是这样说的:“最近一段时间，大部分员工的工作态度都很端正，但个别人表现得不太好，比如迟到、早退、上班聊天……”

虽然经理并没有指名道姓，但大家都知道是怎么回事。重要的是，这种模糊的语言既保住了员工的面子，又直截了当地指出了存在的问题，效果比直接点名批评更好。

幽默型批评。

一般来说，被批评者往往会觉得很紧张，尤其是主管批评下属、长辈批评晚辈时。焦虑、恐惧、沮丧、灰心等心理状态会阻碍双方情感的交流，极大地削弱批评的本意。如果批评时能用幽默的语言，效果则会好得多。

三国时，有一年天下大旱，蜀国虽然是天府之国，也出现了粮荒。于是，刘备下令，禁止百姓私自酿酒。有大臣问：“没发现酿酒，仅有酿酒工具，咋办？”刘备说：“有酿酒工具随时都可以造酒，有酿酒器具者与酿酒同罪。”当时，有个官吏在一个百姓家搜到酿酒的器具，就断定其私自酿酒，准备问罪责罚。

有一天，简雍和刘备一道出游，看见一男一女在路上，简雍便对刘备说：“主公，他们欲行奸淫，应该把他们抓起来。”

刘备笑着说：“一派胡言，你是怎么断定的？”

简雍答道：“因为他们和那个有酿酒工具的人情况不是正好一样吗？”

刘备听了哈哈大笑，便释放了因为收藏酿酒器具而被捕的人。

简雍用幽默的语言向刘备进言，不仅达到了目的，还不会让刘备觉得不舒服。

巧妙地运用幽默型批评，多数表现为以半开玩笑半认真的方式先打破僵局，再切入正题。这样即便对方一时难以接受，也不至于伤了和气，更不会让对方觉得难堪、丢脸。

社交活动中的幽默式批评，和说相声、讲笑话不同，虽然也很幽默，但基调应该是严肃而认真的，语气可以略微轻松活泼，但不要油腔滑调，否则可能会影响批评的效果。

把话说到对方心里去

战国时期，陈轸来到秦国，正赶上秦惠王为一件事发愁。当时韩、魏两国互相攻伐，打了一年也没分出胜负，战争一直胶着着。

秦国是当时的一个强国，秦惠王想凭借自己的实力来阻止这场战争。一是彰显自己的实力；二是以阻止战争为借口趁机消灭韩、魏两国。于是他询问大臣对此事的看法。

大臣们各执一词，有的认为应该阻止这场战争，有的认为不该阻止这场战争。最终秦惠王也没能下定决心，所以就想听听陈轸的想法。

陈轸听完以后，并没有直接谈论这场战争，而是给秦惠王讲了一则《两虎相争》的寓言故事。

从前，有个人叫卞庄子，以开旅馆为业，因此人们也叫他“馆庄子”。他雇用了一个小伙计帮助自己。卞庄子为人好斗，而且他确实有些本事，敢只身斗老虎。

有一天，一个牧童跑来，对卞庄子说：“不好了！两只老虎正在争吃我的牛呢！你快帮着把老虎赶跑吧！”

听到这个消息，卞庄子热血沸腾，当即提起宝剑随牧童跑到山上。到了山上，只见一大一小两只老虎正在争咬一头牛，牛拼命地挣扎。卞庄子二话不说，拔出宝剑就要去击杀老虎。

这时，旅馆小伙计一把拉住卞庄子说："两只老虎都要吃牛，为了各自的口中食，它们必然相互争抢，争抢就必然要互相搏斗。所谓'两虎相争，必有一伤'，而且死的那一只肯定是小老虎。等小老虎死了以后，大老虎肯定也会受伤。到时候你刺杀那只受伤的老虎，轻而易举。这样一来，你只要刺杀一只老虎，就可以获得刺杀两只老虎的美名了。"

卞庄子认为小伙计说得有道理，于是他们就站在那里等着。

正如小伙计所料，小老虎被大老虎咬死了，大老虎也被小老虎咬伤了。卞庄子拿起宝剑刺死了受伤的大老虎，果然一举两得，获得了刺杀双虎的美名。

讲完这则故事，陈轸对秦惠王说道："现在韩、魏两国相攻，一年也没停止，必然是大国受伤，小国灭亡。大王讨伐受伤的大国，这不就能一举消灭两个国家了吗？这同卞庄子刺虎是同样的道理。"

这便是历史上著名的陈轸借虎谏秦王的故事。要知道在古代，向皇帝直谏可是非常不容易的事情。直谏皇帝，仅仅有一颗忧国忧民的心是不够的，臣子们的直谏能否被皇帝采纳还取决于他们的讲话方式。

上述故事中的陈轸就是一个很好的例子。故事里，陈轸的想法和皇帝是相悖的，直接劝谏皇帝难度会很高，陈轸巧妙地借用了一则寓言故事进行劝谏，让皇帝自己对号入座，从而认清事实，做出明智的选择。

这个故事也给我们提了醒，当我们要向领导提意见的时候，应当怎么说才合适呢？如果你一心为公司好，说出的意见却不被领导采纳，甚至引起领导的反感，岂不是太冤枉？因此，在提意见前，多动动脑子是必要的。

在陈述自己意见的时候不要只盯着不好的说，你说话的重点应该放在自己的意见实施后可能带来的好处上。

乾隆年间，林爽文在台湾兴兵起义，负责镇压的部队屡屡受挫，引起了乾隆皇帝的担心，他表示要御驾亲征。

和珅在乾隆皇帝身边，看在眼里，急在心里："不就是一帮蟊贼吗？偌大的一个朝廷谁都管不了吗？非要让皇帝御驾亲征，这不明摆着大清国太弱了吗？如果御驾亲征，朝廷势必会乱作一团，一定要阻止乾隆亲征。"

和珅很快动起脑筋，得想个办法，既能说到皇帝的心里，又能解决问题。

和珅说的话大意如下。

皇上，台湾战事不佳有其深刻的原因。这么多年来，您爱民如子，轻徭薄赋，人头税都免了，只征一点儿地税，上哪儿去找您这么好的皇上？但是台湾不一定知道您的仁慈，不一定知道您的恩德。这个原因在当地的官员。您派去管理台湾的人没有把您的恩德带到台湾，所以才有人起义。依奴才愚见，最好还是做两手准备：继续用兵；裁撤台湾官员，重派新的官员，把您的仁德带给台湾百姓。

和珅寥寥数语就说透了皇帝的心。最后，乾隆皇帝决定派别人去征讨，同时撤换了台湾的官员。

先查看对方的情绪在哪里出了问题，再找出对方感兴趣的问题，并帮助其解决，怎么会没有成效呢？在这一过程中，和珅很清晰地解决了三个问题：阻止了乾隆皇帝的亲征；夸了乾隆皇帝的功德仁义；指出了起义的症结和破敌的方略。

大家都是普通人，都有自己的喜怒哀乐，所以提意见的时候要特别注意时机。在对方心情好的时候，你的意见更容易被接受。

说话要特别注意语气，最好能一直保持诚恳、认真的态度。只有先让对方觉得你是可靠的，他才会考虑你提的意见。

委婉拒绝，让对方愉快地接受

我们经常会遇到这样的情况：朋友、亲人、同事提出了一些不合理或者是他们自己都没有办法办到的要求，但我们不敢或者不知道怎么说“不”。

我们总是怕拒绝别人会伤了和气，以后没有办法相处，可是却忽略了一点：人心总是不容易满足的，有了第一次可能就有第二次，如果某一次对方的要求恰巧是你无法做到的，那么就可能会带给你更多的困扰。

喜剧大师卓别林曾说：“学会说‘不’吧！那你的生活将会美好得多。”那么我们该如何在拒绝别人时，既不伤害彼此之间的情谊，又不让自己为难呢？最好的方式就是将拒绝的言辞说得尽量委婉一些。

罗斯福任美国总统以前，在海军部任职。某日，一位朋友向他问及海军在大西洋的一个小岛筹建基地的秘密计划。罗斯福环顾四周，然后压低声音问：“你能保守秘密吗？”“当然能。”“那么，”罗斯福微笑着说，“我也能。”

不要害怕拒绝他人，如果自己的理由是正当的。有时候，拒绝是一种爱自己、爱别人的表现，能让大家免受更大的伤害。当直截了当的话很难说出口时，像罗斯福这样的暗示性的拒绝方式就很有效。因为暗示性语言隐晦、含蓄，我们可以将自己要传递的拒绝信息隐含在巧妙的言语中，以此来影响对方的心理，让他心甘情愿地接受你的拒绝，并认识到自己的要求过分了。

1979年后，钱钟书一家迁到北京。他为了将更多的时间用在读书上，曾一度谢绝应酬。一次，一位英国女士读了《围城》之后特别想见见他，于是打电话向他提出了拜访的请求。这是一个善意的请求，更何况还是外国友人，但是钱钟书淡泊名利、不喜应酬，于是在接到电话之后委婉地拒绝道："假如你吃了一个鸡蛋，觉得不错，你会想到要去见一见下这颗蛋的母鸡吗？"这种富含幽默的话语既委婉拒绝了对方的请求却又不失礼貌。

当然，除了上面的暗示拒绝法之外，我们还可以将自己不能接受的原因委婉地讲给对方听，让对方主动放弃原来的请求，这样就可以最大限度地减少对方的不快。

除此之外，除了在拒绝别人的时候要讲究语言技巧之外，还要在拒绝之后给予对方关怀，否则对方会觉得你不够真诚、不顾及别人的感受，从而影响你们之后的交往。

学会采用委婉的拒绝法，让他人知难而退，才是维护交际关系的最好法则。

说服需要找对时机

要想让说服达到最理想的效果，就要掌握好时机。有经验的人在说服别人时，总是会选择其心理受到刺激而且情绪产生强烈波动，即将突破防线做出不受理智控制的事情时，陈明利害得失，让其很快地明白其中的利害关系，恢复理智，因为这个时间是说服的最佳时机。时间如果再早一点，对方一定会认为你小题大做或神经过敏，不会接受你的建议；如果再晚一点，已经发生的事情就是最好的证明，哪里还需要你做“事后诸葛”，你的说服就没有了力量和意义，不会收到好的效果。

由此可见，要抓住最佳的时机，在人们的思想、情绪容易发生变化或可能出现问题的关口对他们及时进行说服教育。例如，工作调动、毕业分配、家庭事件、婚恋受挫、提职加薪、意外事故、住房分配、子女就业……人们在面临选择或现状出现变化时都容易产生情绪的波动，这时正是进行说服的最佳时机，在这种时刻及时劝导提醒他们，不仅能够防患于未然，还比较容易达到目的。

怎么能够知道说服的时机是否成熟呢？情绪既然是心理波动的直接

反应，那么观察被说服对象的情绪变化就是判断时机是否成熟的最好办法。如果对方在听我们劝说时情绪一直平稳，或者一直心平气和地倾听没有反驳，那么说明我们选的时机很恰当。如果对方听到我们的话后情绪激动，甚至流露出反感或者是对立情绪，那么我们就应该自我检讨，是说话的方式、方法、态度不对还是说服的时机不成熟。不论是哪一种，我们都要根据情况及时终止谈话，然后积极观察，找出原因，再采取适当的措施，创造有利的时机，使说服一举奏效。

其实，最佳时机并没有一定的标准，也没有一定的模式，要根据具体情况具体分析，针对对方的思想状态和心理特点，自己揣摩和把握。

即便如此，想要找到最佳时机，让说服一举成功，还是需要说服者具有敏锐的观察力，准确的预测能力和果断、灵活的思维能力。因此，我们平时一定要找机会锻炼这些能力，以备不时之需，让我们的说服工作，能够像杜甫诗歌中“知时节”的“好雨”那样，“当春乃发生”。

将对方心中的标尺缩小

我以前有个朋友，精于为人处世。

几年前，他的公司受金融危机的影响，业务锐减，盈利下降。在这种大局势下，要想保住公司，必须节约开支，其中一项重要举措就是减少员工的支出。

降低员工待遇，后果可想而知，激起下属的抗议肯定是难以避免的。

朋友思忖良久，采取了下面的方式。

他召开了职工会议，从当前的大背景入手，实事求是地分析了公司面临的困境，并暗示有可能对公司进行裁员。

这个消息一出，影响可想而知，所有的下属都小心翼翼，生怕自己会成为被裁的一个。

紧接着，朋友再次召开职工会议，这次大家心里更无底了，就像是要被判刑前的犯人，焦躁不安。

朋友信誓旦旦地说："我想了很久，虽然公司遇到前所未有的挑战，但是考虑到大家都是一起打拼过来的，对企业有功，公司决定一个员工也不辞退，而是全体降薪，共渡难关。当然，如果有谁不同意这个方案，可以选择离开。如果你没有找到满意的工作，公司欢迎你回来继续工作。”

朋友通过这种策略巧妙地化解了公司的危机。

《美国周刊》的惠灵顿准备完成一个非常复杂的任务，内容是告诉韦坲尔——你被降职了，将从华盛顿总部调往洛杉矶的一个分公司。这是一个不光彩的决定，公司却将这个任务交给了惠灵顿。

惠灵顿仔细想了一下，走进韦坲尔的办公室，说：“伙计，我很羡慕你！公司决定让你和霍华德去担任新的重要工作。你们将分别被安排在两个地方，你任选一个。一个是在北部多伦多的分公司，一个是美丽的娱乐城市洛杉矶的分公司。”

惠灵顿认真地观察着韦坲尔的反应，发现他皱了皱眉头，然后说：“该死！我还是去洛杉矶吧，那里的气候比较适合我。”

韦坲尔的选择恰恰与公司的安排不谋而合。而且，惠灵顿并没有多费唇舌，韦坲尔也认为选择了一个比较理想的工作岗位，双方满意，问题解决了。

在这个事例中，多伦多的出现，降低了韦坲尔心中的标准，从而使韦坲尔顺利地接受了去洛杉矶工作。

人际沟通的过程中，如果你想让对方接受一杯“温水”，为了不使他拒绝，不妨先让他试试一杯“冷水”的滋味，再将“温水”端上。冷热水效应可以用来实现预期的目标。

鲁迅先生说过，如果有人提议在完整的房子的墙壁上开个窗户，势必会遭到众人的反对，窗户肯定开不成，可是如果提议把墙壁扒掉，众人则会相应退让，同意开个窗户。

鲁迅先生的精辟论述，说的就是冷热水效应。

当然，在运用冷热水效应的同时，不要把顺序弄反了，否则效果会适得其反。

晓以利害，使他人为之所动

当我们站在对方的立场、利益点上思考问题时，会更加客观地看待问题，所以说服他人时，从对方的利益出发，是最容易达到说服目的的。

对于肿瘤患者来讲，放疗时每周测一次血是常规检查中必不可少的一项。可是很多患者却拒绝接受这项检查，他们觉得没有必要，不明白这项检查到底有什么意义。

一次，护士小王按照惯例到病房通知患者做检查前准备，她说：“大妈，您准备一下，我给您抽血送去做常规血检。”

患者听到后，拒绝道：“怎么每周都抽血啊？这让人怎么受得了。我太瘦了，没有血，我不抽了！”

小王护士解释道：“大妈，抽血是因为要检查骨髓的造血功能是否正常，例如，白细胞、红细胞、血小板等。如果血常规数值太低了，就不能继续做放疗了。”

“降低了，又会怎样？”

小王护士说：“降低了，医生就会用药物控制它，让它上升，达到标准后才能再次放疗！像您这样的患者需要每周抽血，您看，我车上的就是隔壁病房患者抽出的血样。而且抽的这点血，不会对您的身体造成影响的，您就放心吧！再说我们人有造血功能，抽了还可以补充回来呀。”

患者被说服了：“好吧！”

我们说服对方，通常状况下是为了使自己的工作能够顺利进行或是和对方能够达成某种共识，总之是为了自己而不是别人。既然是为了某种利益，那么了解了对方的需求，进而满足他的需求，会更容易达到目的。

说服他人，多数时候必须费一番功夫，即使是这样，还是会遇到不论我们怎样做，对方都不予回应或者敷衍了事的情况。为什么会出现这种状况呢？因为我们没有找到对方感兴趣的东西。如果我们把出发点建立在对方利益的基础上，先以利益为驱动引起对方兴趣，然后再说服诱导，成功的概率就会提高很多。推销员在这方面的成功就是很好的佐证。他们在推销之前为了唤起顾客的注意并达到 80% 的购买率，往往是先诱导，后说服。

在英国工业革命时期，很多行业都有了突破性的发展，各项发明如雨后春笋般出现，而这些发明进一步推动了工业革命的进程。但是那些为工业革命的发展做出贡献的发明，起初并没有得到人们的重视，而且发明过程极其艰难。法拉第发明发电机的过程就是很好的佐证。

由于缺少资金，法拉第的研究搁浅了。为了让研究继续，法拉第决定说服政府为其出资，于是去拜访了当时的首相史多芬。

法拉第带着他的发电机雏形出现在首相办公室的时候，史多芬并没有表示出兴趣。尽管法拉第非常热心地给首相介绍了很多对时代发展具有非同寻常意义的发明，史多芬的反应始终很冷淡。

法拉第看到首相的反应之后，停止了滔滔不绝的陈述。是啊，一个精于权谋的政治家怎么会对这些感兴趣呢？自己辛苦发明的东西，也许在他眼里只是缠着线圈的磁石模型，至于其能否对将来的工业结构产生影响又和他有什么关系呢？于是法拉第改变了策略，微笑着说："我的发明投入实际运用后，一定能够增加税收。"

果然，首相在听到这句话之后，面无表情的脸上终于动容了，而且开始详细地询问一些关于发明的事情，并最终为法拉第提供了资金。

显而易见，首相态度的突然转变，究其原因，是发动机的应用会给企业带来利润，而利润增加必能使政府得到一笔很大的税收，而这才是首相关心的。

当然，我们在说服对方放弃固执、愚蠢、鲁莽、不智的想法时，经常失败的原因就是没有抓住关键——对方的行为会给他带来多大的危害。"打蛇打七寸"，所以我们在说服别人的时候，一定要摆出利害关系，告诉对方这么做会损失多少利益，使他的心理产生动摇，最终心甘情愿地接受我们的建议。因为没有人在知道了自己的行为会给自己造成危害时，还冒险去尝试。

为了整顿市容市貌，影响市容市貌的建筑都被拆除了，不符合城市卫生规定的小摊位也都被强行撤了。比如，之前剧场门前那些卖瓜子、花生之类小食品的热闹的摊位，都不允许再摆了。但是某剧院门口偏偏就有一个特例，一位年近六旬的老太太不管别人怎么劝，都会每天定点来卖东西。剧场管理员也是苦不堪言："这老太婆年岁大，嘴皮利，人家叫她'铁嘴'，不好对付，我们只好睁只眼闭只眼。"

一天，市里派人来检查卫生，剧场管理员劝老太太回避一下，说："老太太，快把摊子挪走，今天这里不许卖东西。""往天许卖，今天不许卖，世道又变了吗？""世道没有变，检查团要来了。""检查团来了就不许卖东西？检查团来了还许不许吃饭？""检查团来了，地面不干净要罚款的。""地面不干净关我什么事，又不是我弄上去的，讲不讲理了，他哪天吃多了闹肚子难道还要怪卖东西的人吗？"管理员无言以对，悻悻而退。

管理车辆的老刘师傅随后走了过来，说道："老嫂子，你说你这么大年纪了，起早贪黑的多不容易，挣那几个钱，要真被检查团罚你一笔，多亏，难道你还能打场官司不成？再说，检查团不会天天来，可是咱为了养家糊口生意得天天做，要是为了这个以后不能摆摊了不值得。”“嗯！大哥说的有道理，我这就收摊，明天再来。”说完，老太太麻利地收拾好走了。

同一件事情，不同的劝阻方式，效果大不同，原因很简单。管理员之所以劝阻不成反讨没趣，就因为他没有从关系老太太自身利益的立场上去劝说，只一味地讲道理，怎么能达到目的呢？而老刘师傅却站在老太婆的角度上耐心地帮助她分析利弊，让她明白她的坚持会让她失去长远的利益，让她意识到自己的不明智，于是老太太心服口服地接受了规劝。

利己是多数人的“通病”，说服他人时如果能将这种心理利用起来，说服多半会成功的。

以真诚之心去劝说

我们在劝说他人时一定要懂得因势利导、循循善诱。如果对方坚持自己的意见，而你又急切地想让对方接受你的意见，就容易把关系弄僵。但如果换成委婉真诚的方式，劝说时就能在潜移默化中达到自己的目的。

大部分被劝说者都不会轻易接受他人的意见，因此在劝说他人的时候要讲究一定的策略。在真诚的基础上劝说，往往能让对方接受，这是劝说他人的较高境界。

每个人都有自己的想法和意见，因此劝说他人是一件很难的事情，劝说那些性格固执的人更是如此。如果我们劝说的方式过于直接，就容易遭到对方的抵制。

劝说时只有保持真诚的态度，不挖苦、不讽刺，才能让对方心甘情愿地接受。真诚地表达自己的观点，和对方面对面交流，你的信息才能尽快被对方接收，受到对方的肯定，进而被愉快地接受。

美国费城电气公司有一个叫诺玛斯的推销员，有一天，他去一个州的农村推销电。他敲开了一个富有的农户的门，其主人是一位老太太。她看见是电气公司的人，直接就把门关上了。诺玛斯再次叫门，门被打开了一条小缝。诺玛斯说：“真的很抱歉，太太，打扰您了。我知道您不想买电，没关系，这次我只是来向您买一些鸡蛋的。”老太太不再那么警惕了，把门开大了一些，伸出脑袋，怀疑地看着诺玛斯。

诺玛斯接着说：“您养的明尼克鸡真漂亮啊！我想买一些新鲜的鸡蛋回家。”接着，他诚恳地说：“我家里的来航鸡下的蛋是白色的，做出来的蛋糕不太好看，所以我太太要我来买一些棕色的鸡蛋。”这时候，老太太走了出来，态度温和很多，并且和他聊起了鸡蛋的事。诺玛斯指着院子里的牛棚赞赏道：“太太，我敢肯定，您养的鸡比您丈夫养的牛赚的钱更多。”老太太笑得合不拢嘴，因为她丈夫一直不肯承认这件事。于是她把诺玛斯视为知音，并兴奋地带诺玛斯到鸡舍参观。诺玛斯一边参观，一边赞扬老太太的养鸡经验，并不失时机地说：“如果您的鸡舍能用电灯照明，鸡蛋的产量一定会更高。”此时，老太太听到他的建议并没有那么反感，反问诺玛斯买电是否划算。诺玛斯的答复令她非常满意。两周后，诺玛斯就收到了老太太递交的用电申请书。

诺玛斯步步为营，从老太太得意的事情入手，站在对方的角度分析情势，并给出了合理的建议。他一步步地诱导，促使老太太的态度一点一点地发生改变，使双方的心理距离很快拉近，最终达到了售电的目的。

亚里士多德曾说：“说服是通过演讲使听众动感情而产生效果的，因为我们是在痛苦或欢乐、爱与恨的波动中做出不同的决定的。”心理学研究显示，当一个人觉得愧疚、自责、害怕、焦虑时，接受劝说的概率最大。如果我们此时能更加真诚地向对方表达自己的观点，对方的态度即使再强硬，也会有所软化。当他感受到你的真诚时，你就能得到他的信任。

总之，只有在真诚的前提下劝说，并且事先做好周全、细致的准备，谈话时结合实际情况随机应变，才能轻而易举地赢得对方的心，接着再一步步诱导，对方接受你的建议就是自然而然的事了。

第五章

换位思考，这些细节很重要

在人际交往中，要想扩大交际圈，

赢得别人的好感和尊重，就要学会谦虚低调做人，

待人接物时藏锋示拙、谦虚诚恳、温和有礼，

善于照顾他人的感受，尊重和倾听他人的意见。

理直不一定要气壮

一般情况下，表达不清或者是表达不当会让语句产生歧义，从而造成误会。此外，还有一种情况也会造成误会，那就是说话时的语气。同样一句话，由不同的人说，会产生不同的效果，而其中起关键作用的就是说话时的语气。如“你好美”这句话，如果说话者语气诚恳，那么就是对对方的赞美；如果说话者语气轻佻，那么赞美就可能变成了戏谑，让人心生反感。有时候，善于运用语气，可以轻易达到社交的目的。有一个叫乐乐的人就曾经利用语气帮助过伙伴，从而改变了伙伴的一生。

和乐乐同寝室的伙伴中，有一个伙伴性格特别的孤僻，很少和同学交流，即使在必要的交谈中也畏畏缩缩的，于是同学都在背后笑话他。时间久了，同学们在和他交流时也总是阴阳怪气的。

乐乐不仅成绩优异而且为人和善，总是找机会开导这个伙伴，希望他能够慢慢融入集体，可是一直没有多大的效果。一天，乐乐看到他一个人坐在空荡荡的教室里发呆，于是走过去挨着他坐下，用最贴心、最耐心的语气说：“我发现你上课听讲很专注，而且反应很快，有时候我都羡慕得不得了。我想只要你稍加努力，一定会考得比我还好。”

那位同学听了乐乐的话后定定地盯着他看了好一会，若有所思地点点头。乐乐见他终于有了反应，于是接着用诚挚的语气说：“一个人参加活动好无聊，你陪我去吧！”没有等他回过神，乐乐已经站起来拉着他走出了教室，加入了同学们的活动当中。之后，乐乐总是会找机会拖着他去参加同学们的活动。慢慢地，这位同学再也不会拒绝乐乐的邀请，有时候还会主动出现在绿茵场上，和同学们的关系也越来越融洽，也不再害怕在公众面前表达自己的观点。

多年之后，乐乐在同学聚会上再次见到了这位同学，当年的拘谨和青涩在他身上早已找不到痕迹了。在聊天的过程中，乐乐得知，这位同学已经是一家大公司的销售总监了。他对乐乐说：“我能够有今天要谢谢你。如果当初不是你那么诚挚的语气，我可能不会相信你的话，也就不会有之后的改变，更不会有今天。”

要充分表达自己的意思，不单单要靠气势还要靠语气，有理的同时要注意有礼。有理不在声高，理直不一定要气壮，说话时一定要掌握好分寸。

当然，作为说话的技巧之一，口气也要分场合、时间、地点和对象。

用愉快的语气说话，听者也会心情愉悦；用低落的语气说话，听者也可能会觉得氛围压抑；语气生硬会让听者感到不快；语气埋怨会让对方产生抵抗情绪……可见，语气能够激发听者的情绪并影响其精神状态。

语气因地而异很重要。如果场面很大，一定要注意适当地提高声音、放慢语速，把握语势上扬的幅度，以突出重点。相反，场面越小，越要注意适当降低声音，适当增强词语密度，并把握语势的下降趋向，追求自然。

要让同样一句话发挥出更大的效果，就要抓住时机，恰到好处地运用适当的语气。

根据谈话对象的不同、场合的不同，选用不同的语气，只有这样，我们才能在生活中做一个受欢迎的“会说话的人”。

少说“应该”

通用汽车集团副总裁布朗发现他的一些下属缺乏工作激情，表现得很自由、散漫。

为此，他召开了一次针对全体员工的工作会议。

“公司为你们提供丰厚的薪金，你们应该竭尽全力为公司去工作，这是职责！上帝的子民都应该竭尽全力地为上帝祈祷……”

在他二十分钟的演讲里，每一分钟都会出现一次“应该”。会议结束后，德鲁克走进了布朗的办公室。

他对布朗说：“布朗先生，如果你能够在演讲的时候将‘应该’摈弃，应该会有更好的效果。没有人喜欢‘被应该’，这就好比是在强迫别人。我们宁愿主动去沟通，而拒绝‘被应该’沟通。‘被应该’无异于被人在背后拿枪指着，没有人喜欢这种感觉。”

布朗亲自写了一封电子邮件，发到了每个人的邮箱中。

邮件内容是：我希望你们可以告诉我，你们希望从我这里得到什么？

一天后，布朗陆续收到了员工的答复。于是，他又发出一份电子邮件：我可以满足你们的所有要求，现在我要你们告诉我，我可以从你们那里得到什么？

一天后，他收到了所有的回复。根据他们自己的承诺，布朗一一满足了他们的要求。

两封电子邮件使公司得到新的激励。

布朗说："公司的业绩有了显著提高，非常惊人。德鲁克告诉我，当我摒弃'应该'时，他们也决心尽他们的最大能量了。与他们商量他们的要求，正是他们需要的激情。"

没有人喜欢"被应该"，即便是从道德上、法律上来说必须要做的事情，也同样没有人喜欢"被应该"。

在设计师威尔金明白这个道理之前，他差点丢失了一次足以改变命运的时机。

设计师威尔金接到了一单前所未有的大业务——为著名的豪斯集团设计产品外包装。为了表达自己的诚意，在签订合同时，他将违约金降低到20%。也就是说，如果对方违约，他只能拿到全款的20%。他开始努力地设计，想要设计出能够让消费者看一眼就难忘的图样。

很不幸，当他正在努力完成这单业务时，他收到了豪斯集团的来函。

尊敬的威尔金先生：

企业业务有变，合同终止，违约金已经支付，敬请谅解。

威尔金非常愤怒，他立刻赶到豪斯集团，但商量未果，同时得知，其业务已经交给了另一家设计公司。

威尔金当场对副总裁杰斯特说：“我们有约在先，你们就应该遵守合约，应该使用我的设计，应该继续与我合作……”

效果可想而知。

威尔金愤愤地离开了。

一天后，威尔金再次到了豪斯集团，对副总裁杰斯特说：“这是20%的违约金，我悉数归还，既然是我的设计无法让你们满意，责任应该由我承担。虽然这次的合作失败了，但我希望我们还是朋友。这里有些我尚未设计完的图纸，如果你能够有办法将它们设计得更完美，以适合你们的用途，请告诉我！”

然而他离开了。

他还没有回到公司，就接到了杰斯特的电话：“请你继续你的设计，我想我们的合作一定会非常顺利——交易立刻成功了。”

威尔金是幸运的，他的处理方式让对方觉得舒服，但他没有要求对方“你应该如何做”。

人的情绪容易被“应该”所操纵。

人是独立的个体，没有人喜欢被约束、被控制。当你被别人控制和约束时，会激起强烈的情绪反抗，这是人性的本能反应。例如，被别人强制着去做某件事，你心中会产生强烈的反感情绪，即便这件事本来就是你想去做的，主动与被动也是两种完全不同的感情效应。

你不愿意被别人控制、约束，别人也不情愿被你控制和约束。因此，与人沟通时，你需要摈弃“你应该”。

有些管理者总是有一种强烈的控制欲，比如“你务必把这单业务拿下来，这是命令”“你应该做好这件事，这是义务”。

情感一旦被打上“应该”“务必”的成分，无异于戴上沉重的枷锁。戴着枷锁行走，肯定会不利索。

在非洲南部的大陆上居住着一个古老的民族，约纳氏克族。他们依靠栽种一种名为摩斯那笛的植物为生，已经延续了几千年的历史。简单的劳动使得他们喜欢和平安宁的生活。他们常年游荡在沙漠、草地和海边，与赖以生存的环境和谐地相处。

简单的劳动使得他们的语言过于简单，因此，约纳氏克族人只有简单的文字，没有文学。

尽管高度发达的现代文明使他们的生活发生了巨大的变化，他们依然在努力延续自己古老的生活习俗，宛如处在世外桃源。

约纳氏克族人中，流传着一首简单的诗。这首诗是他们唯一的文学、全部的信仰、生活的全部写照。如果将这句诗翻译成中文，应该是这样一句话：可是，我们之间是多么不应该啊！

这句诗是约纳氏克族人之间和睦相处的秘密所在。

然而，现实生活中，很多人的情绪被“应该”所操纵，例如“如果我对你付诸感情，你就应该对我付出相同的情感”。然而，我们希望别人尊重我们的意见，却不允许别人强迫我们的意志。

人与人之间的沟通同样如此，我们都是独立的个体，都希望得到尊重，不喜欢被控制。

可直率但不可粗俗

《论语·雍也》说："质胜文则野，文胜质则史，文质彬彬，然后君子。"意思是说，质朴胜过了文饰就会粗野，文饰胜过了质朴就会虚浮，质朴和文饰比例恰当，然后才可以成为君子。虽然直率的人说话不会拐弯抹角，诚实，但是太直率容易伤人，会给人留下说话不经大脑、粗俗野蛮的印象。

寇准是北宋时期一位很重要的官员，而且擅诗能文，曾两度为相，在政治上颇有建树，受到百姓的爱戴和后人的推崇。但是最终，他却被放逐到边远的广东雷州去当司户参军。他到雷州后，由于生活艰难、气候恶劣，身体很快就垮了下来，于第二年秋天病逝于雷州。

为什么如此雄才大略又胸怀天下的好官，最后却落得个客死他乡的悲惨结局呢？这和寇准的性格有很大的关系。他为人耿直，说话直爽，与政见不合的同僚说话时更加不懂得变通和收敛，于是遭到政敌疯狂的报复，最典型的事件就是《资治通鉴》中记载的关于寇准和丁谓的故事，即有名的"溜须事件"。

据记载，这件事发生在天禧三年（1019年），当时，寇准经历了人生的起伏，再次出任宰相。而在他拜相的同一天，丁谓也被升任为参知政事（副宰相）。作为同僚，寇准一度很欣赏丁谓，曾多次向担任丞相的进士同年李沆推荐丁谓，但均被李沆拒绝了。当时寇准很不解，问其原因，李沆说："他这种人，能位居人上吗？"寇准说："像丁谓这样的人，相公能始终压制他屈居人下吗？"

有一天，寇准和丁谓作为重要的朝臣参加宴会。宴会期间，寇准在进食时不小心将饭粒汤水沾到了胡须上。丁谓恰好坐在他旁边，看到后起身上前替他徐徐拂去。寇准并没有因为丁谓的举动而感到高兴，反而板起脸来，冷笑着说："参政，国之大臣，乃为官长拂须耶？"丁谓觉得很下不来台，于是怀恨在心，在后来的权力斗争中，最终将寇准击败，把他赶到了雷州。

在官场中，溜须拍马的事情屡见不鲜，不喜可以私下里表明，但是寇准犯了一个严重的错误，不仅将自己的不喜当众表现出来，还出言讽刺，让人颜面扫地，得罪了人还不自知。而且由于性格的缘故，寇准出言讥讽的不止丁谓一人，后来丁谓联系了有相同经历的王钦若、曹利等人，并与之结成同盟，在皇帝那里一次次地上书参奏他。三人为虎，时间长了，皇帝自然也就相信了他们的言辞，觉得寇准这个人真的是不怎么样。所以寇准的政治生涯一波三折，最终落得客死他乡的下场。

寇准的失败，不是败在没有谋略上，而是败在没有管好自己的嘴，说话不留情面。在现实生活中有很多像寇准一样心直口快、不顾忌场合和对方面子的人。虽然和这样的人相处，不用顾忌太多，交往起来很轻松，但是也让人很头疼，因为他们总是会在无意中让人下不来台。但他们的行为是无意识的，被说的人又不能跟他们针锋相对，因为如果和他们太较真反倒让人觉得是你小气。可若真不与之计较，又实在是让人窝火。

在人际交往中，人与人之间的相处是很奇妙的事情，往往会因为一句不经意的话让对方对你产生好感，拉近彼此之间的距离；也可能因为一句不经意的话让对方对你产生厌恶，从此形同陌路。所以我们平时一定要注意自己的言行，把握好度，千万不要因为自己的随性而为让语言这把利器伤人伤己。

也许你会说，我这人性格天生这样，不喜欢虚与委蛇，虽然我已经努力在改变了，但还是没有办法做到。这里教你一个小窍门，在说话之前不妨自问：我将要说的话是善意的吗？这句话有没有更加委婉的表达方法？在开口之前给自己留一点时间思考，即便不喜欢拐弯抹角，也别出口伤人，尽量挑选温和的字眼。这样一来就可以将说话伤人的可能性降到最低，那么你的人际关系也会变得更好。

在交际中，语言不仅是一种重要的交往手段，还是一个人文化修养和见识的直接体现。有时候一言可以兴邦，但有时候一言也可以让你的前途受阻。因此我们说话时，要诚意与文饰并重。

问候也需大方、得体

在和陌生人见面时，人们往往会有先入为主的想法。比如，对方可能很难沟通，或者对方可能待人很亲切，等等。也就是说，人们容易凭着直觉选择与人亲近或疏远，就算他们没有明确表达自己的想法，但行动却会在不经意间出卖他们的心思。比如在相亲时，如果你觉得对方相貌普通，并不是你喜欢的人，你就会下意识地避免和他说话。虽然你什么过分的话都没说，但你觉得非常失望的态度已经再明显不过了。

事实上，无论是谁，在与他人交往时都不能戴“有色眼镜”，并且要发自内心地相信别人。每个人都是缺点和优点的矛盾集合体，只要你能多把注意力放在他人的优点上，而不是紧盯着他人的缺点，沟通起来将会更容易。

我们在和朋友见面时，一句问候语往往会包含三重含义：“我尊重你”“我觉得你很亲切”“我非常珍惜我们之间的友谊”。当对方感受到我们赠送的这三件宝贵的“礼物”时，会感到由衷的高兴，一定会毫不吝惜自己的热情。

西方一位文学家曾说过：“热情仍在，就无惧青春消逝。”因此，西方人见面时总是笑容可掬地相互问候“你好吗？”“早上好！”“欢迎光临，欢迎光临！”，等等。诸如此类的问候语，会让我们和他人之间的关系变得和谐、友善。而“请”“谢谢”“对不起”这些词都是我们对他人尊重和友善的表现，千万不能小看它们！

一般来说，我们和他人第一次见面时，或多或少会有防备心理，而消除这种紧张、尴尬的心理，最好的办法就是敞开心胸。

由于两个人是初次见面，彼此都不太了解，很容易无话可说，显得非常尴尬。此时，我们可以用一些客套话当作开场白，比如“天气真热啊！”或“最近在忙什么呢？”等等。虽然这些寒暄语看起来并没有实质性的意义，但其最大的好处就是能让初次见面的两个人避免尴尬。如何使用客套话，下面的一些方式你可以参考一下。

从天气开始谈，打开话匣子；询问对方的工作情况、身体状况等，比如“你最近工作忙吗？”“快毕业了吧？”“有什么高兴的事吗？你看起来很高兴啊！”；从对方的行动开始谈，比如看到对方下班，可以亲切地来一句“下班啦？”，等等。

寒暄语最大的作用就是，它像一把打开话匣子的钥匙，成为让你和他人的谈话更顺畅地进行的桥梁，避免出现无话可说的窘状。

谁说礼多人不怪?

如果你去拜访一个朋友，朋友对你非常客气，不管你说什么话，他都点头称是，和你说话时也非常客套，生怕让你不高兴，生怕你怪罪，那么你肯定会觉得如芒刺背、如坐针毡，觉得透不过气来，只想赶紧逃出来，呼吸新鲜的空气。

你可能有过多次这样的经历，你可以好好想想，你会用同样的方式对待你的客人吗？

虽然这能将你的客气表现得淋漓尽致，但这种客气实在让人觉得不自在，令人窒息。不管什么时候，都请大家记住一句话："己所不欲，勿施于人。"

如果是刚见面，说几句客气话无可厚非，但如果说个没完没了，谁能受得了呢？人们之所以聊天，就是为了联络情感，而客气话就像是一堵横亘在彼此之间的高墙，如果不拆掉这堵墙，在墙两边的人们就只能是表面的敷衍和应付而已。

记住，客气话是用来表达你的尊敬的，绝不是用来敷衍朋友的，因此一定要懂得适可而止。

以上所述，只想告诉你一件事：过分客气只会让人觉得不自在。

不能触碰的交往忌讳

各地的风俗不同，说话时的忌讳也不同，在与人交际时，一定要注意对方的忌讳话语，否则稍有疏忽，就容易导致尴尬。虽然你是无心之失，情有可原，但终归是失礼，因为不管怎么说，你都犯了对方的忌讳，对增进你们之间的情感没有好处。

对方如有特殊的忌讳，你也要打探清楚，交往时避开忌讳，否则会对你们的关系产生不利影响。古今中外，因为一句简单的话掉脑袋的事并不少见，口舌之过，最应该引以为鉴。

具体来说，说话时要避免六个禁忌。

聪明人聊天时会三缄其口。比如，你和他谈论起了私人的事情，他对自己的隐私闪烁其词，你却在无意中将他的隐私脱口而出。你原本是无心的，他却会认为你是故意揭露他的隐私，让他难堪，从而对你恨之入骨。这是说话时的第一个忌讳。

如果朋友对你和他正在共同完成的事有其他想法并对你心存警惕，这时你只有一个选择：继续装傻，打死也不开口。尽管你非常清楚他的用心，但你既无法告诉他自己一无所知，也不能向他保证自己一定会保守秘密。直接捅破秘密是说话的第二个忌讳。

别人并不十分了解你，不够信任你，你却偏偏一门心思地贴上去，极尽讨好之事，和他说很深入的话。就算他最终采纳了你的意见，但实行结果肯定不会理想，他也许会怀疑你是在故意捉弄他，让他上当。退一万步说，就算实行结果很好，你也未必能获得他的好感，他会认为你是偶然促成，最大的功劳还在于他自己。在与人初识的阶段就指点江山，这是说话的第三个忌讳。

别人做错事，被你知道了，你直言劝谏。他原本就觉得挺内疚的，生怕被人知道了，你却主动揭穿，他肯定会觉得更加惭愧，甚至升级为愤恨，与你发生冲突的概率也会随之增加。当面揭露别人的伤疤，这是说话的第四个忌讳。

如果你上司的某次成功是因为你献计出策，那么你的上司可能会顾虑你是否大肆宣扬此事。主动抢功，不懂进退，这是说话的第五个忌讳。

别人力所不能及而你认为应该做的事情，就勉强他做；或者对于某件别人骑虎难下而不得不做的事情，你却坚持认为他不应该做，让他马上收手。强人所难，与人情相反，这是说话的第六个忌讳。

令谈话陷入绝境的回答说不得

在聚会中，你想介绍两个陌生的朋友认识，“这个朋友是位网球高手，他每个周末都会去网球场”或者“这位先生是篮球爱好者，上学时还是篮球队的主力”，这样简单直接的介绍能让原本陌生的两个人很快就找到共同话题。有时候，一些不起眼的客套话也能打开话匣子，打破陌生人之间的沉默，拉近二人之间的距离。比如，“你老家是哪里啊？”“江苏。”“那可是个好地方，风景优美，那里的人文底蕴很浓。”“没错，我们江苏……”这样一来，你们的交谈就能轻松地展开了。又或者，你可以说：“今天天气真不错，如果能去某处爬山，肯定会非常有意思的。”“您喜欢爬山吗？爬过哪些山呢？”“我去过……”就这样你一句我一句的，你们一定会找到越来越多的话题，甚至产生意犹未尽的感觉。

在初次见面或交谈时，如果问对方问题，最好放弃那些让对方只能回答“是”或“不是”的问题。

而会谈话的人，也不会只是回答“是”或“不是”，总是会加几句自己的说明或感想，从而提高对方继续交谈的兴趣，达到谈话的目的。

在介绍初次见面的朋友认识时，不能只是简单地说“这是李某，那是张某”等，这会让陌生的双方因找不到共同的话题而觉得尴尬。你可以简单地说明对方的经历、爱好等，为两个初识的朋友打开交流的窗口，使双方在最短的时间内熟悉起来。

此外，我们在交谈时，往往会以“你好”“今天真热呀”之类的寒暄语为开场白。这样的开场方式适用于每一个人、每一个场合，但往往会让人产生乏味的感觉。因此，你需要引申开来，找到更多的谈资。如果在谈论天气之后再顺势来一句“真想跳进水里游泳”之类的感叹，很可能正合对方的意，那么对方就不会只是回答“没错，是很热”了，谈话就不至于卡壳。

玩笑要有度

在人际交往中，“开玩笑”是一种最常见的说话逗乐方式，能起到活跃气氛、调节情绪、营造和谐轻松氛围的神奇作用，还能增加个人魅力。但是，玩笑并不是随意就能开的，要把握一个重点：内容必须高雅。如果内容庸俗，往往会适得其反。因此开玩笑时，我们要注意场合、把握尺度。

一天，在外地出差的王先生正和客户会谈，电话不停地震动，他只好对客户说抱歉，然后走出会议室接电话。电话那头传来好友焦急的声音：“你在哪里？赶紧回家，你爱人从楼梯上摔下来了，被送到中心医院了。”王先生接到电话后，扔下客户飙车回到了所在的城市，闯进医院查了半天也没有找到爱人，这才想起来应该打个电话问问。可是电话接通后，爱人说自己在家。于是他又急匆匆开车回到家，进门看到爱人正坐在沙发上看电视，便明白自己被耍了。

他打电话给朋友，将自己的抱怨一股脑地发泄了出来，可是朋友却毫无悔意地笑着说：“你也太不经逗了，真的傻乎乎地跑回来了。”王先生愤愤地挂了电话，要是朋友现在就在身边，他恨不得揍他一顿。

熟悉的朋友相互开玩笑，本意是相互娱乐，调节气氛。一些无伤大雅的玩笑，既然能够活跃气氛，何乐而不为呢？可是如果玩笑开过了，就有可能伤害彼此的感情，甚至断送友情。因此，开玩笑也要掌握好度，一定要避免涉及隐私、人身安全等原则性问题的玩笑。

有一次，美国前总统里根到国会参加一场会议。会议开始前，他为了测试麦克风的接通情况，随口开了一个玩笑。他说："先生们，请注意，我们将在 5 分钟后开始轰炸苏联。"此话一出，会场一片哗然。后来，苏联还因此对美国表示强烈抗议，让里根觉得非常难堪。

由此可见，玩笑如果太过分，就会导致无法挽回的严重后果。因此，我们在开玩笑时，必须注意听者的特性。受性格、身份和心情的影响，每个人对玩笑的承受能力不尽相同，同一个玩笑，有些人能接受，有些人却觉得无法接受——开玩笑也是一门学问。

当然，开玩笑除了要注意分寸之外，还要懂得适可而止，最好是一带而过，而且不可将玩笑的对象设定为同一个人，否则对方会认为你有意针对。玩笑变了味，也就失去了玩笑的真正意义。

能够给大家带来乐趣的玩笑，一定是诙谐而不下流、风趣而不生硬的。如果能够通过玩笑让人受益、发人深省，那就更有意义了。这种玩笑在人际交往中既可以放松心情，又能够营造良好的氛围，在欢笑的同时，还能够收获友谊。

下面强调几点玩笑中应该注意的问题。

要看对象。

一般来说，男性最好不要和女性开玩笑，下级最好不要和上司开玩笑，晚辈最好不要和长辈开玩笑，正常人最好不要和残疾人开玩笑。就算是开玩笑，也要保证笑话只是单纯地博人一笑，并且要暗含尊敬、褒扬等积极含义，坚决不能揭人短处，尤其是残疾人的缺陷。

要分场合。

开玩笑也要注意场合，特别正式或者庄重的场合不宜开玩笑，否则会让人觉得你不够稳重甚至是轻浮。即使是在那些适合玩笑的场合，玩笑也一定要应景，如在喜庆的场合玩笑是用来增添喜庆的气氛的，千万不能因为开玩笑扫了大家的兴。

要避开忌讳。

玩笑不能肆无忌惮，那些揭人家伤疤的事情不可拿来开玩笑，对方身上的缺点和身体缺憾也不可拿来开玩笑。

玩笑既可以成为生活的调色板，让我们的生活更加多彩，也可能成为交往中的绊脚石，因此开玩笑时一定要掌握好“度”。总之，开玩笑应该是善意的、令人欢乐的，能促进彼此之间的感情交流，而不是恶意讽刺或占他人便宜。

问号拉近距离，叹号疏远关系

去年，我请了一个装修公司修整厨房，公司派出五个装修工到了我的家里。

开始修整的第一天，他们把院子里弄得乱七八糟，到处是涂料和木头屑。下班的时候，他们没有清理就急匆匆离开了，这让我妻子很不满意。

妻子让我告诉这些装修工一定要把院子清理干净之后才能离开，否则就扣发他们的工资。

我知道，这根本行不通，因为合同中可没有说明这一条。另外，他们的装修技术都很不错，修整的部分让我比较满意。

后来，我想了个办法。我找来笤帚和拖把，把木屑清理干净，堆到院子的角落里。

第二天早上，他们几个人赶到后，我把领工叫到一旁，对他说："昨天你们把前院清理得那么干净，让我很高兴。你们以后在收工的时候，要是都能这样做就太好了。可以吗？"

领工点点头，说：“没有问题，我们肯定帮你清理得干干净净。”

接下来的四天时间，工人们每天收工之后，都把木屑堆到园子角落里。妻子也再没有因为这个发过火。

我只是稍微地给他们提了一下建议，并做了一个榜样而已，问题便迎刃而解了。

有一段时间，公司的业务非常繁忙，连日来，包括经理在内的所有员工集体加班。

经理将一叠厚厚的资料交到一个同事的手里，说：“明天上班之前，把这里面的数据做成电子文档交给我。”

连日来加班导致心情烦躁，同事很不高兴地发了一句牢骚：“我桌上的资料已经快把我埋起来了，你现在又交给我一项任务，我根本完成不了。”

职场上严明的上下级关系，不允许下属冒犯上司。

出现这种情况，一般的上司肯定会觉得丢了面子，权威受到挑战，会拿出上司的威严：“你必须完成，这是命令。我不管你手头有多少活儿，这一件你必须给我完成。”

命令就好比是法律一样，有着强大的强迫性。“必须做”或者“一定不能做”等带有强制的性质。下属一定不敢拒绝这样的话，但可以肯定的是，他也一定不会痛快地把工作做好。

然而，我的那位上司却没有那么做，而是采取了另外一种方法。

当同事说完这句话后，身边的几个同事不约而同地扭过脸，等待着上司的反应。

经理顿了顿，说："我也不愿意给你加工作量，连日来的加班的确很辛苦。我十分理解你的工作，也知道每个人都不轻松，尤其是你，数据方面的工作烦琐且量大。但问题是，现在这一份关于录入数据的差事似乎只有你最胜任。"

上司的一句话让我们几个人顿时松了一口气。

"看来我又要面临新的压力了……"同事笑着说道。

建议的方法，具备一种让人无法拒绝的软力量。

建议可以缓解人性的反抗意识，让人感觉到一种自重感，促使人放弃反抗，选择接受。

建议是一种强大的软实力，可以激发人强大的潜力。

采用建议的方法，让温州一家生产灶具的小老板完成了美国的一份大订单。他是如何做到的呢？

全球性的经济危机，让美国遭受前所未有的重创，以往热闹的街头、林立的饭店，变得非常冷清。很多的上班族不再像以往那样，在饭店里面消费，转而依靠自己做饭来缓解经济压力。

在这种大背景下，温州的一家生产灶具的工厂收到一份从来没有过的大订单。订单不仅有技术上的要求，还有时间上的要求，按照工厂的实力和能力，根本无法按期完成。

灶具厂的老板没有立刻发布招聘信息，去招聘技术人员和生产人员，而是召集所有的工人开会，向他们介绍情况，并说明这份订单对他们和公司的重大意义。

“我们有没有办法解决技术上的难题？我们的技术研发人员有限，我不想让大家太辛苦。”

“有没有办法解决订单的时间问题？现有的生产人员都很辛苦，能不能调整工作安排，克服时间上的困难？”

“有没有其他的办法，来接下这个订单？”

工人们给出了很多建议，技术部提出高薪招聘短期研发工程师，只需要解决研发问题即可；生产员工愿意昼夜加班，直到订单完成。

后来，如他们所愿，公司聘用了一位研发工程师，三天内解决了技术问题，余下的技术问题由技术部原有的几个员工日夜钻研得以解决。订单顺利地完成，这家工厂由此成为温州数一数二的灶具生产商。

这家灶具厂这次能够顺利完成订单，正是因为老板使用了“建议”的方法，使员工们感觉到他们的“重要”，激发了他们的潜力。

人际交往中，“建议”是一种强大的软实力，虽会改变他人，却不会激起反抗。

如果你要实现与对方的有效沟通，那么你需要收起锐气，放下你的食指，不要对别人下命令，而使用“建议”的方法。

得饶人处且饶人

提升沟通能力的目的是更从容地社交，但是有些人往往忘记了交谈的初衷，有时候甚至失了分寸，说话尖酸刻薄、不分场合。这种人大多争强好胜，总想跟交往的人一较高下，无论对方说什么总是会想办法挑刺，然后想尽一切办法让对方接受自己的观点，但结果可能正如卡耐基所说：“你可能赢了辩论，可是你却输了人缘。”

喜欢争强好胜的人，即使是善意的玩笑，也会带有攻击性，让对方觉得别扭，想要拒绝或者尽量避免与其接触。而这种人也会因为得理不饶人而将事态恶化。

在上下班的高峰期，公交车上基本都是人挤人，由于急刹车或者路况出现突发状况，人们难免会相互碰撞，相互理解了这就不是事，可是总有一些人得理不让人，使事情恶化。

一个年轻小伙子在刹车时没有稳住，撞到了旁边的一位老大爷。没等小伙子道歉，老大爷就气急败坏地说：“这么大的人了，怎么就欺负我这个老头子呢？太没有公德心了。”

老大爷的话让小伙子很反感，心里的愧疚消失得无影无踪，说道："大爷您怎么说话呢，车上人这么多我又不是故意的，怎么能说是欺负您呢？"老大爷一看对方没有道歉，更来气了，说："得，得，得，现在的年轻人都不学好。一看你就不是什么好东西，没家教，没准还进去过吧。"

老大爷口无遮拦，终于惹怒了小伙子。小伙子气得要动手，幸好被身边的人拦住了，要不然事情可能会很糟。

这本是一件再平常不过的事情，如果老大爷能够得饶人处且饶人，不去斤斤计较，就不会和小伙子发生后面的争吵。

不过生活中这种斤斤计较、得寸进尺的人真的很多。只有懂得尊重别人的人，才会得到别人的尊重，你故意给人难堪，必定会为之后的人际交往埋下隐患，因此，要有容人之过的心胸。"海纳百川，有容乃大"，生活中，宽容能够产生奇迹，可以减少不必要的损失。其实宽容别人的同时也是在释放自己。要想有一番大作为，眼睛里就得能藏得下"沙子"。

一个秋天，美国加州两个顽皮的孩子在林场里玩耍时，想搞恶作剧，戏弄丛林附近的居民，于是点燃了丛林里的落叶，结果引发了大火。在灭火的过程中，有一名年轻的消防员牺牲了。

人们知道了纵火的原因后，都愤怒了。市长面对媒体时表示，一定会不惜一切代价抓住那两个纵火的孩子，让他们接受最严厉的惩罚。牺牲的消防员的母亲也接受了采访，但是和民众不同，她很宽容，她说："得知我的孩子离开了我，我很伤心。我很感谢有那么多正义的人，但我现在想对制造灾难的两个孩子说，你们现在一定活得很糟糕，很可能生不如死，作为这个世界上最有资格谴责你们的我，此时只想说，请你们回家吧，家里还有等待你们的父母，只要你们这样做了，我会和上帝一起宽恕你们……'"

这位母亲的宽容挽救了两个孩子的生命。在她发表电视讲话之前，纵火的孩子因没有办法面对社会舆论压力已经买好了安眠药，决定一起离开这个世界。但他们听到那位母亲的讲话后，决定不再逃避，要勇敢地面对自己的过错，于是到警局自首了。

这位母亲的宽容让人敬佩，面对间接杀死自己儿子的凶手，她不仅原谅了他们的过错，还担心他们的近况，希望他们能够回到家人的身边。而她的宽容不仅挽救了两个孩子的生命，还拯救了他们的灵魂。

扪心自问，我们能够做到如此程度吗？生活中难免出现摩擦，发生争执时，宽容些，得饶人处且饶人，不仅给自己留了退路，还会让你周围的人为此对你心怀敬意。

当然，"饶人"也要讲究语言艺术，说话时要注意方式方法。